JN086360

シリーズ刊行によせて

　この度，新たに「最新・はじめて学ぶ社会福祉」のシリーズが刊行されることになった。このシリーズは，もともと1998年に，当時岡山県立大学の教授であった故大島侑先生が監修されて「シリーズ・はじめて学ぶ社会福祉」として始まったものであった。当時，現監修者の杉本も岡山県立大学に勤務しており，一部の執筆と編集を担当した。そのような縁があって，その後，杉本が監修を引き継ぎ，2015年に「新・はじめて学ぶ社会福祉」のシリーズを刊行していただいた。

　この度の新シリーズ刊行は，これまでの取り組みをベースに，ちょうど社会福祉士の新しく改正されたカリキュラムが始まることに対応して新しいシラバスにも配慮しつつ，これからの社会福祉について学べるように改訂し，内容の充実を図るものである。また，これまでのシリーズは社会福祉概論や老人福祉論といった社会福祉の中核に焦点を当てた構成をしていたが，今回のシリーズにおいては，いままで以上に社会福祉士の養成を意識して，社会学や心理学，社会福祉調査等の科目もシリーズに加えて充実を図っているのが特徴である。

　なお，これまでの本シリーズの特徴は，①初心者にもわかりやすく社会福祉を説明する，②社会福祉士，精神保健福祉士，介護福祉士，保育士等の養成テキストとして活用できる，③専門職養成の教科書にとどまらないで社会福祉の本質を追究する，ということであった。この新しいシリーズでも，これらの特徴を継続することを各編集者にはお願いをしているので，これから社会福祉を学ぼうとしている人びとや学生は，そのような視点で社会福祉を学べるものと思う。

　21世紀になり，社会福祉も「地域包括」や「自助，互助，共助，公助」と

いった考え方をベースにして展開が図られてきた。そのような流れの中で，社会福祉士や精神保健福祉士もソーシャルワーカーとしての働きを模索，展開してきたように思うし，ソーシャルワーカー養成も紆余曲折を経ながら今日に至ってきた。複雑多様化する生活問題の解決を，社会がソーシャルワーカーに期待する側面もますます強くなってきている。さらには，社会福祉の専門職である保育士や介護福祉士がソーシャルワークの視点をもって支援や援助を行い，社会福祉士や精神保健福祉士と連携や協働が必要な場面が増加している。それと同時に，社会福祉士や精神保健福祉士としての仕事を遂行するのに必要な知識や技術も複雑，高度化してきている。社会福祉士の養成教育の高度化が求められるのも当然である。

　このまえがきを執筆しているのは，2021年1月である。世の中は新型コロナが蔓延しているまっただ中にある。新型コロナは人びとの生活を直撃して，生活の困難が拡大している。生活の困難に対応する制度が社会福祉の制度であり，それを中心となって担うのが社会福祉の専門職である。各専門職がどのような役割を果たすのかが問われているように思う。

　新型コロナはいずれ終息するであろう。その時に，我々の社会や生活はどのような形になるのであろうか。人びとの意識はどのように変化しているのであろうか。また，そのような時代に社会福祉の専門職にはどのようなことが期待されるのであろうか。まだまだよくわからないのが本当であろうが，我々は社会福祉の立場でこれらをよく考えておくことも重要ではないかと思われる。

　2021年1月

　　　　　　　　　　　　　　　　　　監修者　杉本敏夫

はじめに

　私たちは，居住する地域において，他者と関わりながら，日々の生活を送っています。現在，日本においては，少子高齢化，人口減社会が進行する状況下，高齢者の生活を支える地域包括ケアシステムをもとに，各地域に居住するすべての人の生活を支え合える地域共生社会の実現が目指されています。

　一方で，各地域は，人口構造や気候，社会資源の状況などの特性が異なっており，地域によっては，住民同士が互いの生活を支えにくい構造が日常のなかにあります。さらに，自然災害が発生した場合は，予測困難な状況に対応するため，他の地域の人の支えが必要な場面があります。

　そのため，各地域にどのような特性があり，どのような支えが求められているかについて理解を深め，想像力を高め，支えを求めている人たちの生活上の様々な課題を，他人事ではなく，自分事として捉えていくことが，地域共生社会の実現に必要ではないでしょうか。自分事として意識した後は，自発的な活動としてのボランティア活動に参加するといった行動に移すことで，支え合い，交流する地域社会づくりの整備につながると考えています。

　さらに，世界の国々では，現在も貧困，難民，紛争など，様々な地球規模の課題が生じており，それらの課題解決に向けて，日本の様々な知識や技術などをもとにした，地域を越え，海を越える国外の活動も求められています。

　ボランティアへの関心は，社会福祉を学ぶ学生だけでなく，様々な世代の人々が，それぞれの生活や経験，価値をもとに持ち合わせているケースが少なくありません。本書は，ボランティアに関心のある人々が，それらの意識をもとに，一歩を踏み出し，行動につながる支えとなるよう，理論だけではなく，具体的活動に向けた実践的かつ入門的な書籍をめざしました。本書が様々な人の第一歩のきっかけになれば幸いです。

2023年5月

編者　田中康雄

目　　次

第Ⅰ部　ボランティアに関する概念

第Ⅲ部　ボランティア活動の実践

第Ⅰ部

ボランティアに関する概念

第1章

社会における生活課題の解決にとっての
ボランティアの存在

　私たちが生活する社会には，生活するうえでの「困り事」を抱えた人がたくさん存在している。介護，失業，育児，ひきこもり，病気など，複数の困り事や生活の不安を抱えながら，相談先がわからず公的なサービスを受けられない場合，どのように課題を解決していくことができるのかを，本章では事例をもとに紹介する。さらに，社会における生活課題をなぜ行政サービス，福祉サービス等だけでは解決できないのかを考え，様々な生活課題に対して，行政サービス，福祉サービス，そしてボランティアがどのように連携し，解決に向けて活動していくことができるのかを考えていくこととする。

1　現代における生活課題

（1）社会に目を向ける

　本書を読んでいる人の多くは，社会福祉を学ぶ学生，ボランティアに関心があるという人など，何らかの理由があり，「ボランティア」について学習を進めようとしている人であると思う。ボランティアの実際を学ぶ前に，なぜ皆さんは福祉を学んだり，ボランティアについて学んだりしようとしたのか，自分の胸に手を当てて考えてみてほしい。それぞれの思考や想いは多種多様であるとは思うが，考えのなかには「誰かの役に立ちたい」もしくは「困っている人を目の前に居ても立っても居られない」などの気持ちがあるのではないかと想像する。その「誰かの役に立ちたい」などの思いを大切にしながら，社会のなかには多くの困り事を抱えた人がいることに，ここではまず目を向けてみたい

と思う。

　普段，私たちが日々の生活を送るなかで，社会で起こっている事象に関する情報（ニュース）は，能動的に手に入れるものだけでなく，受動的に自然に入ってくるものもある。それらの情報を見て皆さんはどんなことを考え，感じているだろうか。社会に目を向けるということは，自分が得た情報に「どのようなことを感じたのか」「どのようなことを考えたのか」など，思考を巡らせてみることである。

　一方，思考をいくら巡らせたとしても，そこから自分事としての本質的な理解に及ぶことは相当に難しい。どうしたら社会の状況の理解に及ぶのか，思考のその先にある気づきを得るための行動として大切になってくるのが体験や経験である。頭のなかで考えて理解することとは違うことを，様々な体験や経験は与えてくれる。社会に目を向け，そして気になったことがあった場合には，それらの活動に主体的に参加し，体験や経験をすることで，今まで考えもつかなかった気づきと学びが得られていく。

（2）多様化する生活課題

　ここでいう生活課題とは，「日常生活を送るうえで，個々人の能力のみでは解決が難しい課題」と定義することとする。例を挙げると，「コロナウイルス感染症拡大の影響で休業や失業等があり生活資金を得ることが難しくなった」「大雪の影響等で自宅のエアコン室外機が埋まってしまい，エアコンが効かなくなってしまった。家から出ることもできず雪かきができない」「家族のひとりが特定疾病と診断され，常に誰かが付き添わなければならなくなった」などである。そのほかにも，「高齢のため，買い物や通院の足がない」「精神疾患に罹患したことに伴い，銀行口座の管理や公共料金の支払いができない」「日本語ができず生活上のルールがわからない」「子どもが不登校になり，どうしたらよいかわからない」など様々である。

　上述のような状況を想像したときに，どんなことを考えただろうか。「自分には関係がない」と考えた人もいるかもしれない。一方で，「誰もがその環境・状況になる可能性がある」と認識した人もいるだろう。ここで大切なこと

友達との関係（いじめも含む）
教師との関係
勉強の遅れ
家庭の経済状況
親との別離不安
家庭内の不和
生活習慣
（心身の）病気
体質（低血圧など）
発達障害
・・・etc

これらの理由が複雑に絡み合う
&
解決が難しい

親）学校に行きなさい！
教員）学校に来てください！

どうしたらよいか
わからない

学校に行く以外の選択肢が少ない
これといった解決策がない
子どもの理解者が乏しい

図1-1　不登校に陥る背景の理解

出所：筆者作成。

は，人が生活する社会のなかには多くの自然発生的な課題が潜んでおり，それらの課題は，人の生活を一変させてしまう可能性があるという認識をもつことである。

　たとえば，「不登校」という事象について考えてみたいと思う（図1-1）。「不登校」という言葉を見聞きした人の多くは，「不登校」＝「学校に行くことができていない状態」であるということを想像するだろう。その理解自体は間違いではないが，不登校という状態になる背景には実に様々な課題があることもまた事実である。「友達との関係（いじめも含む）」「教師との関係」「勉強の遅れ」「家庭の経済状況」「親との別離不安」「家庭内の不和」「生活習慣」「（心身の）病気」「体質（低血圧など）」「発達障害」など，何が不登校の背景に潜み，学校に行くことを難しくしているのか，当事者本人に起因することから，本人を取り巻く環境との関係性，そして，学校を取り巻く社会の構造そのものに起因するものまで，複合的に絡み合っており，詳細に理解することは難しい。そうした際，周囲の大人は原因がわからず「学校に行かせよう」としたりすることで解決を図るのが一般的である。しかしながら，それによって解決に至ることは実際のところ少ないのが現実である。

　生活課題は，社会で生活する誰もが抱える可能性がある事象として考えておかなければならない。誰が日常的に困り事を抱えた人を支えているのか，そし

て支援している人をサポートしているのは誰かなど，社会のなかで人と人とが複合的に支え合っている仕組みを考えていくことが非常に重要なのである。

2　多様なサービスとその課題

（1）生活課題解決に向けたサービス

　ここでは困り事，いわゆる生活課題解決のための既存のサービスについて考えてみることとする。皆さんは日常生活のなかで困り事を抱えたときに，既存のサービスをどのように利用できるのか，どのくらい知っているだろうか。生活課題解決に向けた制度等のサービスの利用については，「制度があることを知らない」または「制度があることを知っていても使い方を知らない」という2つの課題が存在する。以下では，生活課題解決に向けたサービス利用について例を挙げて説明する。

　当然ながら，社会保障制度等の「制度」そのものを知らなければ，利用することができないのが現状である。義務教育では社会保障制度を学ぶ機会が乏しいため，多くの人は社会保障制度等について詳しく知らないまま大人になっていく。よって，大人になっても制度のことをよく知らない人が多いという現状がある。

　たとえば，上述した「不登校」について再び考えてみたいと思う。本書を読んでいる皆さんの多くは，学校教育を受けてきたなかで，クラスに「不登校」の状況にある人がいたという経験をもつのではないだろうか。現在，不登校の生徒数は年々増加し，文部科学省によるいわゆる「問題行動・不登校調査」において，全国の小中学校で2021（令和3）年度に学校を30日以上欠席した不登校の児童生徒の人数は24万4940人であると報告されている。(1)

　ここで，あなた自身が不登校にまつわる支援策（相談先，支援機関，使用できるサービス）をどのくらい知っているか，5分ほど時間をとって書き出してみてほしい。いくつくらい書けただろうか。もし，自分が不登校の経験をした，もしくは身近に不登校の人がいて相談に乗った経験があれば，相談する機関がどんなところにあって，そこではどんな人が働いているのか，どのような支援

をしているのか，どんなサービスを利用できるのかなどについて知っているか
もしれない。しかしながら，自分事になる，または興味関心をもって調べるな
どしない限り，その制度や相談機関について知ることはないのが現状ではない
だろうか。

　ここで「不登校」という言葉の正式な定義についてまとめておく。「不登校」
とは，文部科学省によると「何らかの心理的，情緒的，身体的あるいは社会的
要因・背景により，登校しないあるいはしたくてもできない状況にあるために
年間30日以上欠席した者のうち，病気や経済的な理由による者を除いた者」と
されている。この文章を読んで，「なぜ不登校になってしまうのか？」に興味
をもつ人，「なぜ不登校生徒は増えているのか？」に興味をもつ人，「定義に使
用している一つひとつの言葉の理解」に興味をもつ人など，興味関心はそれぞ
れにあると思う。ここで大切なことは，それぞれがもった疑問や興味関心をど
のように深く，そして広く理解するかである。社会のなかで起こっている出来
事に目を向け，理解を深めるためには，本（言葉・概念など）や辞書，そしてイ
ンターネットで調べたり，先生に聞いたりすることも大切である。もっと踏み
込んで理解しようとすると，生活実態が「どんな状態なのか？」「なぜそうな
のか？」などを，直接，不登校の状態にある人および保護者と交流することに
よりさらに考えることもできる。そうすると，より学びが深くなる。

　上述のように，制度政策，課題解決のための情報については，当事者になっ
たときに必死に調べることになるのが通常であろう。社会のなかには，様々な
課題を抱えた人が多く生活をしている。それらの人の暮らしや困り感について，
もし自分に起こったらと考えてみてほしい。どのようなことを考え行動するか，
または，どのような制度やサービスが存在しているのかなどについて調べ，そ
して必要に応じてその人たちと交流することで，より深い理解につながってい
く。

（2）サービスの限界と課題
　社会保障制度を含む既存の公的サービスは，万全なものではない。ここでは，
サービスの限界と課題について，「制度の狭間」「申請主義」の2点を考えてい

くこととする。

　「公的福祉サービス／既存の福祉サービスでは対象とならない福祉ニーズ・生活課題が生じている状態」がしばしばあり，これを制度の狭間のニーズ・課題などという。たとえば，「不登校」の課題についても同様のことがいえる。先にもみたように，文部科学省の「問題行動・不登校調査」によると，全国の小中学校で2021（令和 3 ）年度の不登校の児童生徒は24万4940人となり，過去最多であった。さらに，不登校は 9 年連続で増加しており，10年前と比較すると小学生は3.6倍，中学生は1.7倍増となっている。公的なサービス（不登校支援に関する施策等）が機能しつつも，それらだけでは，すべての課題を解決するには至っていないことを意味している。制度の狭間で十分なサービスを受けることが難しい状況にある人が年々増えているということが考えられる。

　申請主義とは，市民が行政サービス等を利用する前提として，自主的な申請を必要とすることを意味している。わが国の行政サービスにおいては申請主義の考えがもととなっており，困り感を抱えた人が「私は困っています。助けてください」という声を発しない限り，サービス提供者のほうから「こんなサービスをあなたは利用できますよ」とやってきてはくれない。また，申請主義の考え方では，利用者が物理的にも能力的にも選択と申請の手続きが可能な状況にあることを前提としているために，それをなすことが難しい人たちが制度等にアクセスできていない現状がある。具体的な例としては，インターネットが普及しているとはいうものの，オンラインでの情報を得る，使いこなすことが難しい人が一定数おり，その人々にとっては申請の仕方だけでなく，その存在の有無すら知ることも難しい状況になってしまう。

　ここでもまた不登校を例に，情報をどのように入手していき，サービス利用に至るのか考えてみたいと思う。不登校における第一の相談窓口は，文部科学省の通知⁽³⁾では「教育支援センター（適応指導教室）」となっている。一方で厚生労働省においても相談窓口を設置しており，「児童相談所」「児童相談センター」「児童家庭支援センター」「教育センター」となっている。こうした情報を不登校の状況になった際に学校から情報提供をしてもらえることもあれば，自分で解決策を探さなければならない場合まで様々である。

　以上，２つのサービス利用の課題について述べたが，それ以外にも課題は多くあることを認識し，社会に目を向けて自主的に課題解決に向けた取り組みをしていくことが大切である。そして，サービス提供に携わる人員にも限界があり，サービス提供者，いわゆる支援者だけでは対応しきれず，ボランティア等の人々の協力が必要になる状況があることもまた忘れてはいけない。

3　生活課題の解決に向けて

（1）支え合いの気持ちと行動

　内閣府が３年に一度実施する「市民の社会貢献に関する実態調査⁽⁴⁾」によると，ボランティア活動経験の有無について，2018（平成30）年度の１年間にボランティア活動を「したことがある」と回答した人は17.0％であった。回答者の約６人に１人が何らかのボランティアをしているということである。また，ボランティア活動を「したことがある」と回答した人の参加理由としては「社会の役に立ちたいと思ったから」（54.5％）が最も多く，次いで，「自己啓発や自らの成長につながると考えるため」（32.0％），「自分や家族が関係している活動への支援」（26.4％）の順となっている。「誰かの役に立ちたい」という気持ちに突き動かされた行動としてのボランティア活動は，「他者と自分を支える」ものとして存在してきたものである。その性質上「自発性・主体性」を最も大切にした活動である。

　一方で，今まで，ボランティア経験がある人に「どんなボランティアをしたことがあるか」と問うと「学校等で半強制的に校内清掃や河川の清掃に取り組んだことがある」という声をよく耳にする。これはボランティアの基本的性格である「主体性」が大切にされた取り組みかどうかについては議論の余地がある。半強制的に参加した「経験」を通して様々な学びや気づきがあり，その後の自身の人生において，「主体的に」清掃活動をしたということであれば，それこそがボランティア活動といえるものであると考えられる。自らの意志に沿っていない強制的な活動はボランティアとはいえない。

　ボランティア活動の特徴等の詳細については後の章において述べられるため

本章で述べることはしない。ボランティア活動の重要性については次項でも述べる。上述のように生活課題を抱えた人が多くいる社会のなかで，今やボランティアの存在は欠かすことができないものとなっている。

（2）ボランティアの存在の大切さ

　本来的にボランティア活動は，「誰かのためになりたい」という想いが発端となり，主体的に課題解決に向けて起こす行動であることが基本であるが，社会貢献，福祉活動等への関心が高まり，交流する地域社会づくりが進むなど，ボランティアの存在意義は大きなものとなっている。本章の最後には，「ボランティアの存在の大切さ」について筆者の経験を述べ，第 2 章にバトンを渡すこととする。

　ボランティア活動は様々な気づきと学びを与えてくれる体験活動であると，筆者自身の経験からも伝えたい。また，ボランティア活動はどのような活動であっても，その先にある「人」の生活を支える行動であるという認識は重要である。

　筆者がボランティアという世界を知ることに最も役立ったことは，現実社会に興味をもち，そこで生活している人の暮らしに触れ，様々な体験を一緒にしたことだったといえる。ボランティア経験の一つひとつ，そのすべてが自分を成長させてくれた。一方でボランティア活動に参加したいと考えた際，その一歩をどのように踏み出そうか，自分は誰かの役に立てるのだろうかなど諸々考えたこともある。しかしながら，勇気をもってボランティア活動に一歩踏み出した後の世界に感動したことを今でも忘れない。

　筆者自身は現在，不登校の課題解決に向けて，フリースクールを運営している。公の学校制度上のサポートを活用する，様々な公的機関と連携する，民間機関の支援を受けるなど，様々な理由で学校に行くことが難しくなっている生徒の支援に社会福祉専門職として携わっている。しかしながら，教育や支援を担う専任スタッフだけでは生徒の対応を十分にすることが難しく，多くのボランティアの力をいただいている。フリースクールに関することはここでは割愛するが，本章のなかでも不登校の事象について述べてきたように，社会課題の

多くは行政サービス，福祉サービス等の既存のサービスに加え，インフォーマルなサポートシステムのひとつであるボランティアとの連携が，解決に向けて必要不可欠なものである。当スクールにおいてもボランティアの力はとても貴重なものであり，利用している生徒一人ひとりがボランティアとの交流に多くの気づきや学びを得ていると実感している。一方，参加しているボランティアの人々にとっても，その主体的な行動の先にある気づきや学びを得ることとなっているという感想をもらっている。当スクールにて活動しているボランティアはいずれも「利用者の方の役に立ちたい」という共通の想いをもって参加してくれている。一方「自分は本当に役に立てるのか不安」という点についても共通している。ボランティア受け入れ側として必ず伝えていることは，「得意なことで関わってほしい」「無理はしない」という点である。そのメッセージの意図は，「ボランティアに参加したいという気持ちそのものを大切にしたいという想い」と「一人ひとり違う得意は必ず他者の役に立つ」ことを伝えたいということである。はじめての環境でボランティア活動をする際には，多かれ少なかれ皆がもつ気持ちが「期待と不安」であろう。一歩踏み出す際，自分がその活動をすることで何をしたいのかを自分の言葉で整理してみるとよい。

　今回，ボランティアについて興味をもったということ，学習しようと考えたことをきっかけとして，社会に目を向けボランティア活動に参加し，様々なことを感じ，考え，そして自身の成長につなげていってほしい。

注
⑴　文部科学省（2022）「令和 3 年度児童生徒の問題行動・不登校等生徒指導上の諸課題に関する調査結果概要」（https://www.mext.go.jp/content/20221021-mxt_jidou02-100002753_2.pdf　2023年 3 月20日閲覧）。
⑵　文部科学省「不登校」（https://www.mext.go.jp/a_menu/shotou/seitoshidou/1302905.htm　2023年 6 月19日閲覧）。
⑶　文部科学省初等中等教育局長「誰一人取り残されない学びの保障に向けた不登校対策について（通知）」（令和 5 年 3 月31日）（https://www.mext.go.jp/content/202

30418-mxt_jidou02-000028870-aa.pdf　2023年 6 月19日閲覧)。
⑷　内閣府（2020）「令和元年度市民の社会貢献に関する実態調査報告書」(https://
www.npo-homepage.go.jp/uploads/r-1_houkokusyo.pdf　2023年 3 月20日閲覧)。

参考文献

岡本栄一監修（2005）『ボランティアのすすめ――基礎から実践まで』ミネルヴァ書
　房。
厚生労働省「不登校やいじめ，ひきこもりなどの相談窓口」(https://www.mhlw.go.
　jp/kokoro/youth/consultation/window/window_02.html　2023年 3 月31日閲覧)。
社会福祉士養成講座編集委員会編（2015）『相談援助の基盤と専門職（第 3 版）』中央
　法規出版。
地域福祉・ボランティア情報ネットワークホームページ（https://www.zcwvc.net/
　2023年 3 月21日閲覧)。
ポスト申請主義を考える会「日本における申請主義の現状と課題」(https://ova-
　japan.org/wp-content/uploads/2019/04/日本における申請主義の現状と課題
　2023年 3 月21日閲覧)。
守本友美・吉田忠彦編著（2013）『ボランティアの今を考える――主体的なかかわり
　とつながりを目指して』ミネルヴァ書房。
養老孟司（2023）『ものがわかるということ』祥伝社。
横山北斗（2022）『15歳からの社会保障』日本評論社。

学習課題

　あなた自身が日常生活のなかで感じる生活課題について例を挙げ，それらを解決し
ていくために，各種サービスとボランティアがどのように連携していくことが大切だ
と考えられるか，あなたの意見を述べてみよう。

第2章

ボランティアとは

　多様に広がるボランティアの概念や定義にこれといった定説はないが，少なくともそれを形づけるいくつかの特徴は存在する。本章では，これまでに提唱されている主なボランティアの捉え方を取り上げ，ボランティアと呼べるための特徴について整理する。また，わが国のボランティア活動の現状に触れながら，ボランティア振興に寄与してきた特定非営利活動促進法の制定をはじめとする主要な出来事について説明する。

1　ボランティアの概念

（1）ボランティアとは何か

　ボランティアという言葉が最初に登場したのは，1640年代のイギリスとされる[1]。当時，イギリスでは失業者が多く，治安悪化によって様々な地域問題が発生していた。こうした問題に対応していくために，自分たちが住む街は自分たちで守るという精神で活動する「自警団」という組織が存在しており，これに参加した団員のことをボランティアと呼んだのが最初だと伝えられている[2]。日本では，大正時代に研究者が「ヴォロンチア」などの言葉を用いて論文が記述された例があるが，国語辞典に掲載されたのは1969（昭和44）年の広辞苑が最初で，その後，少しずつ人々に使われていくようになってきた[3]。

　現在でもボランティアに確定的な定義があるわけではないが，たとえば岡本栄一は，「ボランティアは英語では volunteer と書く。ラテン語の voluntas という『自由意志』を意味する言葉に人名称の er をつけてできた言葉である。

日本語の辞書では，名詞としては志願兵，篤志家，奉仕者などと訳され，動詞としては『自ら進んで提供する』『自発的に申し出る』『志願する』などの意味を持っている」と説明している。

（2）ボランティアの特性

　ボランティアに定説はないが，少なくともそれを形づける特性というものがある。以下，その特性について取り上げておく。
　①　自分の「やりたい」と思う気持ちを大切にして，自らの判断で進んで行動すること
　ボランティアの語源でもあるラテン語の voluntas には「自由意志」という意味があったことからもわかるように，ボランティア活動は自らの意志に基づく活動であるかどうかが問われることになる。自分の意志はなく，他者からの強制によって行動に移した活動をはたしてボランティアと呼べるのだろうか。そこに自発性はみられない。自発性とは，あくまで自分自身で，取り組もうとする活動の意味やその必要性を考え，自分の判断によって自ら進んでやりたいことを行動に起こすということである。ボランティア活動にはこの自発性が大切である。たとえば，友達からボランティアの誘いを受けボランティアを行う，あるいは学校や会社から案内を受けてボランティアを行う場合であったとしても，そこから自分自身の考えによってボランティア活動の意義や必要性を認識し，「よし，やってみよう！」と進んで行動に移したとすれば，それは自発性に基づく活動であり，ボランティアの特性をもつものといえよう。
　②　自らも含め広く地域社会のウェルビーイングの実現を目指すこと
　ボランティアとは個人的な見返りを第一の目的に置く活動ではない。かといって，ボランティア活動を担う者が自己犠牲を払い他者のためだけに行う活動というわけでもない。ボランティアとは，自分も含め地域社会全体が幸せであり続ける状態を目指して展開される活動である。それはある一部の限定された人々に対し行われる保護的な活動の意味をもつウェルフェアというより，自分も含めた広く地域社会の幸せに寄与しようとするウェルビーイングの実現を目指す活動といえる。ウェルビーイング（well-being）とは，人間が幸せであ

り続けることができている状態並びにそう願い行為することのすべてを指す。⁽⁵⁾

③　柔軟かつ自由な発想やアイディアが大切にされる活動

ボランティアは地域社会が抱える課題に対し，固定観念に縛られない個人の自由で柔軟な発想やアイディアを大切にしながら課題解決に向けて貢献する活動という特性がある。従来的な考え方や既存の法制度の枠組みにとらわれるのではなく，自由な発想やアイディアに基づく課題解決の方法を考え，それを実践することが尊重される。それゆえボランティアが提供するサービスは従来にない新しい資源の開発につながる可能性を帯びている。

2　ボランティア活動の現状

（1）ボランティア活動の実態

わが国におけるボランティアの活動人数とグループ数を紹介しておくと，2017（平成29）年4月時点において活動者数は約707万人，約19.4万グループ存在する。⁽⁶⁾

ここでは内閣府「令和元年度市民の社会貢献に関する実態調査報告書」のボランティア活動に関する調査結果⁽⁷⁾をもとにボランティアの現状について述べる。同報告書ではボランティア活動の現状を把握していくために，市民のボランティア活動経験の有無やボランティア活動に関する考えについて調査した結果が公表されている。

まずボランティア活動経験の有無として2018（平成30）年の1年間にボランティア活動を「したことがある」と回答した人は17.0％であった。またボランティアを「したことがある」と回答した人の活動の参加分野は「まちづくり・まちおこし」が29.9％で最も多く，次いで「子ども・青少年育成」が24.1％，「地域安全」が23.3％という結果が示されている（図2-1）。次にボランティアに参加した理由であるが，「社会の役に立ちたいと思ったから」（54.5％），「自己啓発や自らの成長につながると考えるため」（32.0％），「自分や家族が関係している活動への支援」（26.4％）という結果となっている（図2-2）。さらに，ボランティア活動への参加の妨げとなることについての質問で最も多かった回

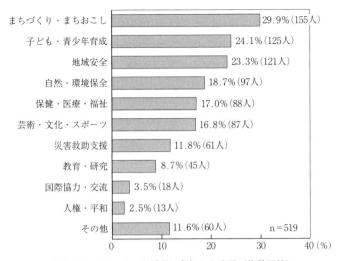

図2-1　ボランティア活動に参加した分野（複数回答）

注：2018年の1年間でボランティア活動を「したことがある」と回答した521人への問
（うち無回答者数2人）。

出所：内閣府（2020）「令和元年度市民の社会貢献に関する実態調査報告書」（https://
www.npo-homepage.go.jp/uploads/r-1_houkokusyo.pdf　2023年1月2日閲覧）12頁。

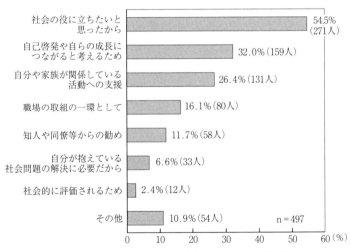

図2-2　ボランティア活動に参加した理由（複数回答）

注：2018年の1年間でボランティア活動を「したことがある」と回答した521人への問
（うち無回答者数24人）。

出所：図2-1と同じ、13頁。

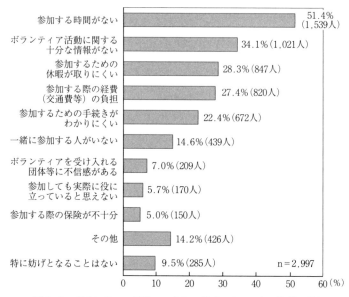

図2-3　ボランティア活動への参加の妨げになること（複数回答）

注：無回答者数75人。
出所：図2-1と同じ，14頁。

答が「参加する時間がない」（51.4%）であり，次いで「ボランティア活動に関する十分な情報がない」（34.1%），「参加するための休暇が取りにくい」（28.3%）という順となっている（図2-3）。

（2）ボランティア活動の実態からみえてくるもの

　調査結果からみえるボランティア活動に取り組む人の考え方の特徴は，ボランティアは「他者のための活動」であり，そして「自分のための活動」でもあるという意識が回答者にはあるということである。ボランティア経験者が取り組む分野で最も多かった分野は「まちづくり・まちおこし」（29.9%）であった。地域が抱える様々な課題解決に自らが行う活動が寄与でき，さらにそれが地域の活性化につながるということがボランティアの喜びややりがいとなっている者が一定数存在する。また，こうした活動経験は他者のためだけではなく，自分自身の成長につながると考える回答者がいる点にも注目すべきであろう。

　そしてボランティアに取り組みたいが何らかの制約によって参加が阻まれている人々の存在も忘れてはならない。ボランティア活動への参加の妨げとなることが何かという質問では「参加する時間がない」「ボランティア活動に関する十分な情報がない」「参加するための休暇が取りにくい」という回答が確認できる。まだまだボランティア活動に関する環境整備に課題があるということである。今後ボランティア活動のさらなる進展のためには，ボランティアを希望する人たちに向けた職場環境の整備や情報提供支援が大切となる。

3　ボランティア振興に関する主要な出来事

（1）ボランティア活動の相談，斡旋，啓発に係る主な出来事

　わが国におけるボランティア活動の推進に関する主要出来事や取り組みを取り上げておきたい。

　わが国のボランティアの相談，斡旋，啓発に係る主要な出来事のひとつには1975（昭和50）年の全国社会福祉協議会による中央ボランティアセンターの設置が挙げられる。このセンター設置は，ボランティア活動に関する調査研究と情報提供，そして国際的視野に立ったボランティア活動の開発や相談，斡旋など中央段階での機能強化がねらいであったとされる。社会福祉の発展には，社会福祉施策の充実とあわせたボランティア活動が不可欠であり，このセンター設置によってボランティア活動の広がりと活性化が期待されたのである。

　また，1977（昭和52）年には「学童・生徒のボランティア活動普及事業」が国庫補助事業として開始されている。ここで注目すべき点は，本事業が小中学校および高等学校の学童・生徒を対象とした事業であり，子どもたちの社会福祉への理解と関心を高め，社会奉仕や社会連帯の精神を養おうとした部分にある。こうした子どもたちに対する社会奉仕に関する精神的醸成を通じて家庭や地域社会の啓発も図ることを目的とした事業ということで，やはり今日におけるボランティア活動の推進に影響を及ぼした出来事といえよう。

（2）ボランティア活動の進展に寄与した主な出来事

　1990年代に入ると，厚生省「国民の社会福祉に関する活動への参加の促進を図るための措置に関する基本的な指針」⁽⁸⁾（以下，「福祉活動参加指針」とする）がまず注目すべきトピックである。「福祉活動参加指針」では，国民の社会福祉に関する活動への参加の促進に当たっての考え方や国民の社会福祉に関する活動への参加の促進を図るための措置が講じられており，この指針を受けて1993（平成5）年7月に中央社会福祉審議会地域福祉専門分科会は「ボランティア活動の中長期的な振興方策について（意見具申）」⁽⁹⁾を提出している。この内容にはボランティア振興の今日的意義や振興に当たっての考え方，振興のための重点課題がまとめられている。そして1995（平成7）年は「ボランティア元年」と呼ばれている年である。この年に阪神・淡路大震災が発生し，震災直後に全国から多数のボランティアが被災地へと駆けつけ，被災者に対する物資の配給や避難所運営，高齢者や障がい者へのケアを行う等，ボランティアが大活躍した。同年には福祉・教育ボランティア学習に関する研究と実践の発展に資することを目的とする日本福祉教育・ボランティア学習学会も設立されている。なお，後述するが，阪神・淡路大震災におけるボランティアの活躍により改めてその役割を評価される形となり，1998（平成10）年に特定非営利活動促進法の制定に至っている。

　さらに2000年代には2001（平成13）年が「ボランティア国際年」となった。東日本大震災が発生した2011（平成23）年は日本人の約7割が寄付をし，個人寄付総額は約1兆186億円にのぼった。同年は「寄付元年」とも呼ばれている。

4　特定非営利活動促進法

（1）特定非営利活動促進法制定の背景

　1998（平成10）年に議員立法によって成立した特定非営利活動促進法は通称NPO法とも呼ばれており，この法律に基づき特定非営利活動を行う法人を特定非営利活動法人（NPO法人）と呼んでいる。

　NPOは民間団体のなかで特に営利目的によらない活動を行うという「非営

利性」を強調した表現とされ，NPOには従来の行政機関や営利法人が提供するサービスにみられない先駆的かつ独創的なサービス提供の担い手としての役割が期待されている。

　NPO法が制定されるきっかけとなった大きな出来事として，1995（平成7）年に起きた阪神・淡路大震災が挙げられる。犠牲者6000名超となった未曾有の大震災である。このときに約140万人のボランティアが活躍し，全国から約1720億円の寄付金が集まり，改めてボランティア活動が脚光を集めた。

　NPO法が制定される前まで，任意団体として活動するボランティア団体の多くは財政基盤の脆弱性によって活動の継続性が問題視されていたが，法制定によってボランティア団体が法人格をもてるようになったことで，法人の名目で取引が行えるようになり，行政側との委託契約をはじめとする契約行為が可能となったこと，そして団体と個人の資産を明確に区分でき，社会的信用の向上につながりやすいといったメリットが生み出され，ボランティア団体が活動しやすい状況がつくり出された。

（2）特定非営利活動法人の特徴

　ここからは，NPO法人の概要について述べる。NPO法人とは，NPO法に基づき法人格が与えられた法人のことを指す。

　NPO法人はその名称にもみられる通り「特定非営利活動」を行う法人であり，この特定非営利活動は「保健，医療又は福祉の増進を図る活動」をはじめ「社会教育の推進を図る活動」や「まちづくりの推進を図る活動」など合計20種類の分野があり，公益性，つまり不特定かつ多数のものの利益（社会全体の利益）に寄与することを目的とする活動とされている（詳細は第5章参照）。

　またNPO法人として活動するためには，所轄庁に申請後，認証を受けることが条件となっている。所轄庁とは，この認証やNPO法人の活動を監督する権限をもっている行政機関のことを指す。基本的には所轄庁は都道府県となるが，政令指定都市にNPO法人の事務所が設置される場合は，その政令指定都市が所轄庁となり，申請団体は所轄庁から認証を得た後，法務局に登記することによってはじめてNPO法人としての活動が可能となる。

表 2-1　特定非営利活動法人（NPO 法人）の特徴

■営利を目的としないこと 　・活動によって得た利益を社員に分配してはならず，非営利であること ■特定非営利活動を目的としていること 　・特定非営利活動は20分野に分類されている 　・特定の政党や候補者を推薦，支持または反対する政治活動を目的としないこと 　・教義の布教となる宗教活動を目的としないこと ■10名以上の社員を確保すること 　・正会員の最低数を定め，個人的活動ではなく公共性を有する活動になることが推進されている ■社員に不当な条件をつけないこと 　・社員になるための条件や脱退について不当な資格や条件をつけないようにすること ■年に1回以上の社員総会の開催と情報公開義務 　・社員総会を年に1回以上は開催し，所轄庁に事業報告書等を提出することが義務づけられている ■役員要件に違反しないこと 　・理事3人，監事1人以上の役員を設けること 　・理事は社員，職員との兼務は可，監事は社員のみ兼務可 　・役員報酬要件（報酬を受けられる役員は役員総数の3分の1以下に制限）に違反しないこと 　・親族要件（各役員について，その配偶者もしくは3親等以内の親族が2人以上でないこと，また，当該役員並びにその配偶者および3親等以内の親族が役員総数の3分の1を超えて含まれていないこと）に違反しないこと

出所：内閣府 NPO ホームページ（https://www.npo-homepage.go.jp/　2023年1月2日閲覧）を参考に筆者作成。

　なお NPO 法人数についても紹介しておくと，NPO 法が成立した年である1998（平成10）年度の認証法人数が23であったのに対し，2022（令和4）年11月30日時点の法人数は5万502と大幅に増えており，急速に発展している状況がうかがえる。

（3）認定特定非営利活動法人制度

　NPO 法人の活動を支援するための制度には認定特定非営利活動法人制度（認定 NPO 法人制度）がある。この制度は2001（平成13）年10月より，個人や企業等から NPO 法人への寄付を促すために，一定の要件を満たす NPO 法人は，国税庁長官が認定を与えることで税制上の優遇措置が受けられるという制度として施行された。2012（平成24）年4月からは，国税庁長官ではなく所轄庁

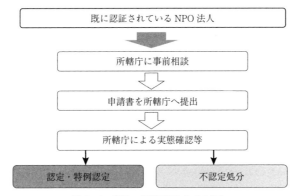

図2-4 認定・特例認定までの流れ

出所：内閣府NPOホームページ「認定制度について」（https://www.npo-home page.go.jp/about/npo-kisochishiki/ninteiseido 2023年1月2日閲覧）。

（原則として主たる事務所が所在する都道府県の知事）が認定を与える制度に改められている。

そしてこの認定NPO法人制度では，設立後5年以内のNPO法人を対象とした特例制度としての「特例認定NPO法人制度」が導入されている。この制度は設立後5年以内のNPO法人に対するスタートアップ支援という性格を有し，組織の運営および事業活動が適正であり，かつ公益の増進に資する団体のみを，仮の認定NPO法人として認めるというものである。なお特例認定NPO法人の申請は一度限り行うことができる。これに認められると，認定NPO法人になるための要件において，市民からの賛同を受けているかどうかを判断するものさしであるパブリック・サポート・テスト（PST）が免除される。有効期限については認定NPO法人の場合が認定日から5年間，特例認定の場合は特例認定日から3年間とされており，2023（令和5）年1月2日時点の所轄庁認定・特例認定NPO法人数は1259件（認定：1221件，特例認定：38件[12]）という状況である。

注

(1) 中嶋充洋（1999）『ボランティア論』中央法規出版，3頁。

(2) (1)と同じ。

(3) 早瀬昇（2007）「ボランティア」仲村優一ほか編『エンサイクロペディア社会福祉学』中央法規出版，596頁。

(4) 岡本栄一（2006）「ボランティア活動の理念」日本地域福祉学会編『新版　地域福祉事典』中央法規出版，384頁。

(5) 社会保障審議会福祉部会福祉人材確保専門委員会（2018）「ソーシャルワーク専門職である社会福祉士に求められる役割等について」（https://www.mhlw.go.jp/file/05-Shingikai-12601000-Seisakutoukatsukan-Sanjikanshitsu_Shakaihoshoutantou/0000199560.pdf　2022年12月25日閲覧）2頁。

(6) 厚生労働省「ボランティア活動」（https://www.mhlw.go.jp/stf/seisakunitsuite/bunya/hukushi_kaigo/seikatsuhogo/volunteer/index.html　2023年1月2日閲覧）。なお，人数とグループ数は都道府県・指定都市および市区町村社会福祉協議会ボランティアセンターで把握している数である。

(7) 内閣府（2020）「令和元年度市民の社会貢献に関する実態調査報告書」（https://www.npo-homepage.go.jp/uploads/r-1_houkokusyo.pdf　2023年1月2日閲覧）。

(8) 厚生省「国民の社会福祉に関する活動への参加の促進を図るための措置に関する基本的な指針」（平成5年4月14日）（https://www.mhlw.go.jp/web/t_doc?dataId=82006500&dataType=0&pageNo=1　2023年1月2日閲覧）。

(9) 中央社会福祉審議会地域福祉専門分科会（1993）「ボランティア活動の中長期的な振興方策について（意見具申）」（https://www.ipss.go.jp/publication/j/shiryou/no.13/data/shiryou/syakaifukushi/475.pdf　2023年1月2日閲覧）。

(10) 山口稔（2007）「NPO（非営利組織）」仲村優一ほか編『エンサイクロペディア社会福祉学』中央法規出版，534頁。

(11) 内閣府NPOホームページ（https://www.npo-homepage.go.jp/　2023年1月2日閲覧）。

(12) (11)と同じ。

学習課題

　これまでにあなたが取り組んできたボランティア活動の経験（活動経験がない場合は他者のボランティア活動の経験）から，ボランティアの特徴を挙げ，ボランティアとは何かについて自分の言葉で説明してみよう。

第3章

ボランティアの歴史

　本章では，ボランティア活動の歴史について学ぶ。まずイギリスから始まり，アメリカへつながっていく活動について，次に日本での活動にも焦点をあてる。

　様々な状況下でいつの時代も，私たち人間は，より幸せな暮らしを求めて助け合ってきた。「人は一人では生きていけない」のである。その積み重ねの上に今日の私たちがあり，それは未来にもつながっている。

　昔の人々はどのように助け合い，活動してきたのか。過去を学ぶことで，今の，そして未来の活動に活かすことができる。

1　西洋の歴史からみるボランティア

（1）「ボランティア」という言葉

　① 語源から紐解くボランティア

　ボランティアの語源は，カタカナで表されていることからもわかる通り海外にそのルーツを置く。そもそもボランティア（volunteer）の語源はウォロ（volo）というラテン語で，英語での意志する（will）に相当する言葉から派生した，ウォルンタス（voluntas）という自由意志を意味する言葉で，それに人を表す er をつけたものがボランティアである[1]。つまり，自ら進んでする，自発的にするのが，ボランティアの根底となる価値といえる。

　また，英和辞典のなかには，「ボランティア」を，「義勇兵」や「志願兵」としているものもある。ヨーロッパの長い歴史のなかで，自分たちの村を自分たちで守るため，自ら進んで「自警団」を組織したり，様々な革命や戦争を繰り

返していくなかで，自ら進んで「義勇兵」となる者たちをボランティアと呼ぶ
ようになった[2]。現代の私たちにとってボランティアと戦争は対極にあるように
思うが，その行為は別として，自ら進んで自分たちの地域や社会のために行動
するという精神が根幹をなしていることがうかがえる。

　②　2つのボランタリズム

　ボランティアの根幹となる精神，理念をボランタリズムと呼ぶ。そのボラン
タリズムには「voluntarism」と「voluntaryism」の2つがあるといわれてい
る。rの文字の後に前者はyがなく，後者はyが入っている。yのないボラン
タリズムは哲学や神学などで用いられる「主意主義」を指すもので，個のボラ
ンタリズムで，自由意志を表し，主体性や自発性を表す理念である。一方後者
は，キリスト教と国家との歴史のなかで，国家権力からの自由な教会のあり方
を目指し，教徒たちが結社（ボランタリーアソシエーション）をつくり国家から
の支配と援助を拒否することを表す結社のボランタリズムである[3]。どちらが正
しいということではない。個のボランタリズムにより，個人が自発的に主体的
に行動を起こしていく，それにより結社のボランタリズムは支えられる。結社
のボランタリズムにより個のボランタリズムは育まれていく。このように両方
がボランティアにとって根幹となる重要な精神といえる。

（2）COS の活動とセツルメント運動

　近代におけるボランティアのルーツを紐解くと，イギリスにおける2つの民間
非営利組織の活動が挙げられる。慈善組織協会（Charity Organization Societies：
COS）（1869年）の活動と，セツルメント（settlement）（1884年）の運動である。

　当時のイギリスは，産業革命により工場制手工業（マニファクチュア）から工
場制機械工業へ移行し，市民階級が産業資本家となり賃金労働者を雇用すると
いった形態になっていった。賃金労働者は，低賃金と長時間労働を強いられ，
貧民となる者も多かった。また政策においても，救済対象の生活水準は自活す
る労働者より低いものでなければならない「劣等処遇の原則」など，その救済
は限定的なものであった。こうして表面化した労働者の貧困問題は，それまで
個人の問題であるとされていた。しかしブース（C. Booth）[4]やラウントリー（B.

S. Rowntree)(5)らが行った貧困調査により，貧困が，労働環境や生活環境によるもの，つまり社会的な問題であることが科学的に示された。

① COS の活動

COS が発足した1869年当時，先述のような時代背景のなか，慈善活動の民間非営利組織が活発化し急増したことから，無秩序な活動が乱立していき，「濫救や漏救(6)」の問題も生じた。そこでこれらをまとめ，支援の重複を避けることや，それに基づく支援による自立を目的として誕生したのが COS である。COS で展開された活動で最も有名なものが「友愛訪問活動」で，これがソーシャルワークの源流のひとつであると同時にボランティア活動の源流のひとつである。友愛訪問活動は，友愛訪問員が定期的に担当の家庭を訪問し，話を聴き，必要な支援に結びつける活動である。ただ，貧困が怠惰や浪費など個人の責任で引き起こされるものであるとして，救済に値する「価値ある貧民」と救済に値しない「価値なき貧民」に分け，「価値ある貧民」だけを救済の対象としたところや，金銭や物品の給付に偏っていたことに限界があった。

COS の活動は，その後アメリカにも広がっていった。アメリカの COS では，後に「ケースワークの母」とも呼ばれ，ソーシャルワークの創成期に大きく寄与したリッチモンド（M.E. Richmond）が職員であった。リッチモンドは友愛訪問活動のためのハンドブック，『貧しき人々への友愛訪問(7)』のなかで「貧しい人々を我々のパートナーとしなければならない」として，援助対象者との関係を同等のパートナーとして位置づけて，「付与ではなく，友人を」をモットーとするなど，ボランティアのあり方を具体的に示した。

② セツルメント運動

セツルメントとは「定住」や「移住」を意味し，貧困に苦しむ地域に移住して地域に入り込み，拠点（セツルメントハウス）を中心に人々の生活を全般にわたって支援していくものであり，運動として広がっていった。

最初のセツルメントは，1884年，ロンドンの東側の貧困地域でトインビーホールを拠点としてバーネット（S. Barnett）が初代館長となり展開された。当時のロンドンの東側の地域は，ユダヤ人を中心とした難民が急増しコミュニティが形成され，スラム化していた。このロンドンで最も貧しい地域に最初の

拠点を置き，バーネットはオックスフォード大学の学生たちとともに活動を開始した。

　バーネットは先述の COS の活動にも関わっていたが，物質的援助や救済だけでなく，貧困を社会の問題として捉え，生活や労働条件を改善していくには，同じ地域に住み活動していくことが必要だと考えた。具体的には，ユダヤ人などの人々への偏見の解消，不衛生や不良住宅の改善，この地域で多発する犯罪や非行などの社会問題の解消などを目的とし，そのために戸籍の入手なども行った。活動を評議・決定する評議会，統括する館長，そして実際に活動を行うレジデントを置き，レジデントにはオックスフォード大学やケンブリッジ大学の学生が多く参加した。バーネットは大学を訪問し，貧困にあえぐ人々を支援していくためには，彼らと一緒に暮らすことが有効で，彼らに物心両面の豊かさを示すこと，担い手（学生）たちが示す「友情」に大きく期待することを説き，この直接的な人間関係によって彼らの生活や意識の変革をしていこうと呼びかけた。そこでは，生活の質を上げていくために，科学的な調査，教育による改善なども必要なこととして訴えられた。トインビーホールが先駆的に行った活動は多くが制度化されていった。

　その後アメリカではアダムズ（J. Addams）が，療養を兼ねたヨーロッパでの滞在期間中に訪れたトインビーホールに感銘を受け，アメリカに戻り，シカゴの移民の多いスラム街で1889年にハルハウスというセツルメントハウスを開設した。ハルハウスには，大人の夜間学校，公共の食堂，ジム，図書館，保育所，労働組合の集会所などがあった。彼女はハルハウスの利用者たちと共に立ち上がり，移民を搾取から守ったり，労働組合を承認するなど，社会正義や民主主義，平和主義への道を進み，多くの功績を残した。こうしてこの活動は運動として日本も含め，世界各地へ広がっていくこととなり，後に彼女はノーベル平和賞を受賞することとなった。

　このようにセツルメントの活動は，社会をより良くしていこうとする社会改良の運動でもあった。

2　日本の歴史からみるボランティア

（1）第二次世界大戦前のボランティア

　ボランティアを人々の助け合いによる活動と捉えれば，互助的な組織・活動は，惣，ユイ（結），もやい，講など古くからあった。

　明治維新以降になると公的救済のために「恤救規則」が策定されたものの，自分たちで助け合うことが前提で，国の責任ではなくあくまでも国からの恩恵であるという考え方であった。したがって対象は限定され，積極的な救済ではなかった。そのため地域の生活困窮者を支援するために現在の民生委員制度である済世顧問制度（1917年）が岡山県で，方面委員制度（1918年）が大阪府でつくられた。これは制度ボランティアともいわれ，公民の両方の側面をもったボランティアといえる。

　また制度ではなく民間人の意志による救済活動も活発化した。無制限収容主義を掲げて日本最初の児童福祉施設である岡山孤児院（1887年）を設立した石井十次，日本最初の知的障害児のための施設である滝乃川学園（1891年）を設立した石井亮一，青少年の更生に取り組み家庭学校（1899年）（現在の児童自立支援施設）を設立した留岡幸助などである。

　先に述べたイギリスから始まったセツルメント運動も日本に伝わった。代表的な活動者にはキングスレー館（1897年）を開設した片山潜や，救世軍に入り，廃娼運動やセツルメント運動に尽力した山室軍平などがいる。学生セツルメントも，関東大震災の翌年には帝大セツルメントが設立され，活発になった。日本でのセツルメントは，隣保事業と呼ばれ，その後社会教育事業につながっていく。

　この時代，日本においてボランティアという言葉はまだ一般化はされていないが，これらの人々は，脆弱な国家施策のなかで，自らその状況を打ち破ろうと困窮する人々のために動いた人々である。しかし，戦争の色が濃くなるにつれ，自発的で自由な活動は難しい時代となっていった。

（2）戦後のボランティア（1940年代〜1980年代）

①　ボランティアの萌芽

　第二次世界大戦直後の日本では，戦前からあった YMCA（Young Men's Christian Association）（1880年）や，YWCA（Young Women's Christian Association）（1905年），一時期衰退していた学生セツルメントが復活し，地域にあふれた非行に走る孤児たちを支援する BBS 運動（Big Brothers and Sisters Movement）（1947年）や子どもの健全育成を目的とする VYS（Voluntary Youth Socialworker）（1952年）運動など，青少年の育成や更生を目的とした活動が活発化したり発足した。そのほか，敵味方の区別なく戦争や災害で被害を受けた人々を人道的に支援する赤十字奉仕団（1948年）が発足した。また民間の資金を募金によって集める共同募金運動（1947年）も発足した。共同募金は後に社会福祉法人への配分金など大きな役割を果たしていく。これらはいずれもアメリカで行われていた活動で，緊急に救済が必要と考えた当時のアメリカの民間団体の人々によるものが日本の活動となり，ボランティア活動が芽生えてきた。

②　公私分離の原則とボランティア

　しかし一方で，ボランティア活動は難しい局面を迎える。これは，1946年に日本国憲法が発布され，生存権の保障や国家責任が明文化されたことによる。社会福祉は国家の責任において国家が行うものとされ，「制度による社会福祉」があるべき姿とされた。「公私分離の原則」に基づき，ボランタリーな民間の自主的な活動への公的な助成は禁じられた。これは民間の活動が戦時中に戦争を進めていくために利用されてきた経緯や，前節の「2つのボランタリズム」でも述べたとおり，そもそも民間の自主的な活動と国家は別のものとしてそれぞれが独立して存在すべきであるという考え方が根底にはある。これにより，結果的には民間活動の団体が深刻な財政難に陥ることとなった。そのためその救済が必要となり，「社会福祉法人」という名称で公の支配に属するものとして位置づけて助成する形をとった。社会福祉法人は財政的には安定したが，国家の関与を受けることになり，民間団体でありながらも限りなく公的な存在となった。

　このことは，日本のボランティア活動の衰退を招くことにもつながった。社

会福祉は国家の責任であるということは,「ボランティア活動をすることは,国家がすべきことを肩代わりし,福祉政策を遅らせる原因になる」という,ボランティアを否定的に捉える考え方につながる。日本のボランティア活動がこれ以降大きな進展をしていかなかったひとつの要因といえる。

③　コミュニティの崩壊とボランティア推進団体（中間支援組織）の発足

1960年代になると高度経済成長期を迎え,産業の発達とともに,地方の若者は仕事を求めて都市に移動し,人口の集中や核家族化の進行は,コミュニティの崩壊につながっていった。また公害問題なども深刻化した。このような分断されていく地域のなかで,そのつながりを求め,学生ボランティア会議（1961年）,日本病院ボランティア協会（1962年）,大阪ボランティア協会（1965年）,富士福祉事業団（1965年）,日本青年奉仕協会（JYVA）（1967年）と矢継ぎ早に,ボランティア間をとりもち,支援し推進していく団体（中間支援組織）が発足した。

また,社会福祉協議会（以下,社協とする）には徳島県,大分県に善意銀行（1962年）も設立された。これは善意を銀行のように預託するもので,当時まだボランティアという言葉が社会に浸透していなかったことからわかりやすい「善意」という言葉で表した。善意銀行はその後「奉仕銀行」とも呼ばれるようになる。社協は,全国の各都道府県・市町村に設置され,地域の住民・福祉関係者で組織され,地域福祉を推進していく公共性の高い民間組織である。この全国のネットワークにより,善意銀行は大きく数を増やしていった。

このようななか,全国社会福祉協議会は「ボランティア育成基本要項」（1968年）を策定した。

④　ボラントピア事業とコミュニティケア

民間のボランティア推進団体や社協の善意銀行などが動き出したことで,ボランティア活動の認知が一定進んできた。また当時アメリカで起きていた障がい者の自立生活運動（IL運動）[8]を背景に,母親が障がいのあるわが子を殺害した事件などが起きたことや,青い芝の会に代表される当事者運動なども活発になり,アクション型のボランティア活動につながっていった。

加えて社会は高齢化し,「寝たきり老人」の問題が注目されるようになった。

介護が必要となった高齢者が地域のなかで暮らすには，公的制度・サービスは脆弱なことから，地域で助け合うコミュニティケアとその担い手の必要性がいわれるようになった。このようななかで，従来はボランティアといえば若者層による施設でのボランティアが主流であったが，当時はまだ多かった専業主婦の層がコミュニティケアの活動に参加するようになっていった。

　このようにコミュニティケアの担い手としてのボランティアが期待されるようになると，国は，ボランティア推進に大きく舵を取る。「ボラントピア事業（福祉のボランティアまちづくり事業）」(1985年) である。国庫補助により全国の市区町村社協にボランティアセンターを設置し，国を挙げてボランティアの育成，推進を行った。この施策により全国に組織をもつ社協を通じて国策として日本社会全体に一斉に在宅ケアのボランティア推進が取り組まれるようになり，一般化していった。全国の社協に現在もあるボランティアを推進し支援するボランティアセンターの礎はこのとき築かれたのである。

（3）阪神・淡路大震災以降のボランティア（1990年代〜）

　コミュニティケアを推進すべく社協のボランティアセンターを中心に推し進められてきた日本のボランティア活動であったが，1990年代になると企業や労働組合など多様な団体が取り組むようになる。そのようななかで阪神・淡路大震災 (1995年) が起こる。同年は後に「ボランティア元年」とも呼ばれたように，この災害は，人々にボランティアという概念について再考させる機会となった。誰に強制されるわけでもなく，自らやむにやまれず動き出した大勢のボランティアの姿は，これまでの特別な人，崇高な人，偽善者的というイメージを払拭するもので，ボランティアがより自然にあたりまえの行為として捉えられる機会となった。そして当時のボランティアの活躍は社会にボランティア活動の重要性を認識させる機会ともなり，それまでにも必要性が議論されていた特定非営利活動促進法（NPO 法）制定の促進にもつながった。阪神・淡路大震災以降，日本国内はもちろんのこと，地球規模で起こる自然災害に対し，災害ボランティアが日々そのノウハウを蓄積して，有事には多くのボランティアが支援活動に参加し，現在も活躍をみせている。

表3-1　日本のボランティアの流れの大枠

時　代	キーワード・特徴	活　動
江戸時代以前	互助的な活動	互助的な組織（物，ユイ（結），もやい，講　等）
戦前 （明治維新後）	西洋に影響を受けた人たちの自発的な救済 制度的ボランティア	社会福祉施設の創設等 セツルメント運動 民生委員のはじめ（方面委員制度，済世顧問制度）
戦後すぐ （1940年代〜）	ボランティアの萌芽 アメリカの活動が上陸 公私分離の原則とその対策	YWCA，BBS，VYS など 社会福祉法人の創設
高度経済成長期 （1960年代〜）	民間のボランティア推進団体の登場 コミュニティの崩壊 社協によるボランティア推進	大阪ボランティア協会，富士福祉事業団，日本青年奉仕協会（JYVA）等 善意銀行（奉仕銀行） 「ボランティア育成基本要項」策定
	コミュニティケア ボラントピア事業（国庫補助）	全国の市町村社協にボランティアセンター開設 在宅ケアボランティア アクション型ボランティア
阪神・淡路大震災以降 （1990年代〜）	ボランティアの一般化，多様化	ボランティア元年 NPO，ソーシャルビジネス等多様化
	地域包括ケアシステム 地域共生社会，包括的支援体制	住民参加，市民参加 社会システムのなかで必要不可欠なボランティア

出所：筆者作成。

　脆弱な公的制度・サービスのもと高齢者や障がい者が地域で生活してくことを支援してきたボランティアではあったが，その活動は，ボランティア個人の思いによるところが大きく，不安定で，継続的な支援には限界があった。そこで公的なものではないが，ボランティアよりも安定的で継続性が担保できる活動主体が必要となる。そこで表れたのが，有償非営利の活動で，ボランティアの捉え方に賛否両論はあるものの有償ボランティアという名称で呼ばれることもある。有償非営利活動は，NPO の台頭により社会で一定の役割を果たすようになる。さらにこれに応えたのが介護保険制度である。介護保険法（2000年）が実施されたことにより，ボランティアのあり方は大きく変わった。それまでボランティアが行っていた支援は公的な位置づけとなり，介護保険サービスが担うようになったものも多かった。そのためボランティアによりできていた地域のつながりや助けあいが，脆弱になってしまうという現象が起きはじめた。

そこで地域のボランティア活動は，分断された地域の住民同士のつながりづくりや，居場所づくりなどの基盤づくりや，健康寿命を延ばす活動などに広がっている。

　近年はNPOやNGO⁽⁹⁾の台頭により市民性のある活動にも広がっている。地域貢献，社会貢献については，ソーシャルビジネスやコミュニティビジネスのようにビジネスの手法を取り入れたり，社会課題に取り組む社会起業家（アントレプレナー）が台頭するなど，手法や組織形態についても多様な広がりをみせるようになった。

　厚生労働省は2025年を目途に，高齢者の尊厳の保持と自立生活の支援の目的のもとで，可能な限り住み慣れた地域で，自分らしい暮らしを人生の最期まで続けることができるよう，住まい，医療，介護，予防，生活支援が一体的に提供される「地域包括ケアシステム」⁽¹⁰⁾の実現を掲げている。また国による地域包括的な支援体制を構築し地域共生社会の実現⁽¹¹⁾を目指した政策的な動きのなかで，住民参加や市民参加とも相まって，ボランティアは地域社会のなかで不可欠な存在として明確に位置づけられるようになっている。

注

(1)　岡本栄一（1981）「ボランティア活動をどう捉えるか」大阪ボランティア協会編『ボランティア——参加する福祉』ミネルヴァ書房，24〜25頁。

(2)　筒井のり子（1997）「ボランティア活動の歩み——私たちの社会とボランティア」巡静一・早瀬昇編著『基礎から学ぶボランティアの理論と実際』中央法規出版，20〜21頁。

(3)　(1)と同じ，25〜26頁。

(4)　ブース（C. Booth）は，1886年より私財を投じてロンドンの貧困調査を行った。貧困の実態を数量的に明らかにし，1892年には『ロンドンにおける民衆の生活と労働』を出版。ロンドンの人々の約3割が貧困状態にあることや，貧困の原因が不安定就労や低賃金など社会の側にあることを明らかにし，年金政策などにも影響を及ぼした。

(5)　ラウントリー（B.S. Rowntree）は，ブースの調査に触発され，1899年よりヨーク市で3回にわたる貧困調査を実施した。ブースと同じく，約3割が貧困状態にあることや，貧困の原因が社会の側にあることを明らかにした。貧困線を設定してよ

り細かく分析し，1901年『貧困――都市生活の研究』を発表した。

(6)　濫救（らんきゅう）は，必要な要件を満たしていないのに救済すること。漏救（ろうきゅう）は，必要な要件を満たしているのに救済されないこと。

(7)　Richmond, M. E. (1899) *Friendly Visiting Among the Poor : A Handbook for Charity Workers.*（＝2017，門永朋子・鵜浦直子・髙地優里訳『貧しい人々への友愛訪問――現代ソーシャルワークの原点』中央法規出版。）

(8)　アメリカのバークレーで1968年に起きたある重度身体障害者の大学入学をきっかけに，重度の障がいがあっても自分の人生を自立して生きることを主張し，自立生活（Independent Living：IL）運動が展開された。

(9)　NPO は「Non-Profit Organization」または「Not-for-Profit Organization」の略称で「非営利組織」と呼ばれる。NGO は「Non-governmental Organization」で「非政府組織」と呼ばれる。どちらも社会的課題を解決するための営利を目的としない非政府の民間組織を指す。明確な線引きはないが，国際的な活動をする組織を NGO と呼ぶことが多い。

(10)　厚生労働省「地域包括ケアシステム」(https://www.mhlw.go.jp/stf/seisakunitsuite/bunya/hukushi_kaigo/kaigo_koureisha/chiiki-houkatsu/　2023年4月3日閲覧)。

(11)　厚生労働省「地域共生社会のポータルサイト」(https://www.mhlw.go.jp/kyouseisyakaiportal/　2023年4月3日閲覧)。

参考文献

新崎国広（2005）「ボランティア活動とは」岡本栄一監修『ボランティアのすすめ――基礎から実践まで』ミネルヴァ書房，16～31頁。

岡本栄一（2003）「ボランティア活動をどう捉えるか」大阪ボランティア協会編『ボランティア――参加する福祉』ミネルヴァ書房，1～54頁。

佐藤順子（2003）「トインビーホールの地域社会における今日的活動」『聖隷クリストファー大学社会福祉学部紀要』2，108～115頁。

筒井のり子（1990）『ボランティア・コーディネーター――その理論と実際』大阪ボランティア協会，51～61頁。

中山淳雄（2007）『ボランティア社会の誕生――欺瞞を感じるからくり』三重大学出版会。

西村裕美（2007）「福祉ボランティア精神とキリスト教」三本松政之・朝倉美江編『福祉ボランティア論』有斐閣，46～60頁。

早瀬昇（2015）「ボランティアの理解」日本ボランティアコーディネーター協会編／早瀬昇・筒井のり子『ボランティアコーディネーション力――市民の社会参加を支えるチカラ　ボランティアコーディネーション力検定公式テキスト』中央法規出版，

12〜36頁。

早瀬昇（1997）「私にとってのボランティア」巡静一・早瀬昇編著『基礎から学ぶボランティアの理論と実際』中央法規出版，2〜19頁。

山口信治（2004）「英国における大学セツルメント運動の立役者，チャノン・バーネット（その2）」『社会学部論集』39，133〜149頁。

American Center Japan「女性実力者の系譜——世界を広げる『ジェーン・アダムズ』」（https://americancenterjapan.com/aboutusa/translations/4929/　2023年1月23日閲覧）。

Richmond, M. E.（1899）*Friendly Visiting Among the Poor : A Handbook for Charity Workers.*（＝2017，門永朋子・鵜浦直子・髙地優里訳『貧しい人々への友愛訪問——現代ソーシャルワークの原点』中央法規出版，1〜12頁および107〜126頁。）

学習課題

　それぞれの活動が生まれたり活発化した当時の社会的背景とはどうだったのか調べてみよう。また，これらの活動のなかで，今に通じる一貫して大切にされてきた行為や考え方とはどのようなものだったのか，考えてみよう。

第 4 章

ボランティアに関する研究動向

　ボランティア研究とは，ボランティア活動や組織，それを取り巻く環境に関する研究のことである。ボランティア研究は，哲学，社会学，心理学，経営学，教育学など様々な分野からのアプローチがある。ボランティア研究は戦前から始まっているが，1980年代頃から徐々に活発化し，ボランティア元年を機に急増する。ボランティア活動は，社会的な課題やニーズに応えるため，多様な形態や内容をもつようになってきた。また，個人や団体だけでなく，企業や行政との連携や協働も行われるようになった。これからのボランティア研究は，改めてその本質を問いつつ，活動の特徴や教育効果，課題や展望を追求していくことになる。

1　社会の変化とボランティア研究の関連

（1）年代ごとのボランティア研究の特徴

　まず，ボランティアに関する研究の始まりを確認してみたい。ボランティアを真正面から取り上げた論文として最も古いものは，雑誌『社会事業』第16巻第4号に掲載された内片孫一の「隣保事業に於けるヴォランチアの役割」であるといわれている[1]。内片はその冒頭で，「隣保事業から仮にヴォランチアの助力を取り除いたら，何が残るであろうか。想ふに全く支柱を失った肉塊のやうなものであらう[2]」と述べ，隣保事業もしくはセツルメント活動のなかに，ボランティア活動の原点を見出そうと試みている。内片と同じく戦前に掲載されたボランティアに関する論文は，谷川貞夫の「社会事業に於けるヴォランティア

表 **4 - 1**　1980（昭和50）年代までのボランティアに関する文献数

年	20年以前	21-25年	26-30年	31-35年	36-40年	41-45年	46-50年	51-55年	56-59年
件数	3	9	8	17	26	83	157	248	266 + a

出所：小笠原慶彰・早瀬昇編（1986）『ボランティア活動の理論 II　'74-'84活動文献資料集』大阪ボランティア協会。

に就いて」（『社会事業研究』第25巻第10号，1937年），藤田たきの「女子学生の勤労奉仕としての保育事業」（『社会事業』第25巻第 5 号，1941年）がある。そして戦後，ボランティア研究が次第に進んでいく。

　次に，戦後から昭和後期（1980年代）までのボランティア研究について確認してみたい。文献資料の発行年次別傾向は表 4 - 1 に示す。戦後すぐの 5 年ほどは，大阪社会事業ボランティア協会発行の文献が複数ある。その後1950年代は，欧米のボランティア活動の紹介や資料紹介が目立つようになるとともに，VYS（Voluntary Youth Socialworker）や BBS（Big Brothers and Sisters Movement）の活動に関する文献がある。また，活動紹介だけでなく，活動の実態調査も増え始めている。この時期には，日本で最初にボランティア活動に関する単行本として『社会福祉のためのボランティア活動入門』（1964年）が発刊されている。1965（昭和40）年以降になると，ボランティアに関する文献資料が急増していることがわかる。その背景には，各種のボランティア関連団体による企画出版が相次いだこと，ボランティア活動の多様な種類（たとえば，BBS，保護司，青年，婦人，高齢者，病院など）の紹介がなされたことが影響しているようである。1970年代に入ると，ボランティア活動の一般化・普遍化を試みるような，いわゆる活動の手引きやすすめといったものも発刊されるようになっている。この間のボランティア研究は，社会福祉分野の諸活動からボランティアの要素を見出し，海外の文献を紹介しながらその理論化への挑戦を試み，かつそれを広く一般化しようという流れがあることが確認できる。1970年代後半から1980年代にかけては，さらにボランティア研究が加速している。これは，国庫助成を受けたボランティア育成が社会教育の分野で開始されたり，全国ボランティア活動振興センター（現在の全国ボランティア・市民活動振興センター）が設置されたりといった社会的な動向も影響しているだろう。

　そして，転機を迎えたのは，他章でも取り上げられている1995（平成7）年の阪神・淡路大震災である。この年は数多くのボランティア活動が展開され，ボランティア元年と呼ばれるようになったが，活動そのものが活発化されることに呼応するように，ボランティア研究も急増することになる。実際どの程度のボランティアに関する学術論文が公表されたかを確認してみたい。文献検索サイト CiNii Research を用いて，タイトルに「ボランティア」が含まれる学術論文を調べたところ，1万5028件がヒットした。さらに，「1995年以降」を条件に加えて検索してみると，1万3895件となる（いずれも2023年3月31日までに発行された論文数）。つまり，阪神・淡路大震災前までのボランティア研究とは比較できないほど，1995（平成7）年以降にボランティア研究が急増していることがわかる。同年以降は，特定非営利活動促進法の制定（1998年）や国際ボランティア年の宣言（2001年）など，ボランティア活動を促進するような機運が一気に高まった。これは同時に，ボランティア活動の様々な側面を研究する契機となっているといってもよいだろう。これ以降，様々な分野におけるボランティア活動が活発化していくことに比例して，それらを研究対象とするボランティア研究も多様化する流れがある。

（2）研究テーマの傾向

　前項では年代ごとのボランティア研究の流れを概観してきたが，本項ではどのようなテーマを取り扱った研究が行われてきているのかを確認してみたい。
　先述したように，ボランティア研究の初期は，隣保事業や社会事業の文脈でボランティアとは何かを論考する研究から始まり，市民共同体制（社会連帯性）を中心に意義づけようとしたもの，生活課題や日常的な諸問題の解決と結びつけて意義づけようとしたもの，主として制度化という問題と対応させて論じようとしたものに分類できる。当時のボランティア研究は，社会福祉分野を中心に展開されている。その後の研究でも，ボランティアとは何かを理論的に，あるいは活動の原則的な側面に焦点を当てたものが数多くあったり，諸外国の活動事例を報告したりするものが続いている。すなわち，ボランティアの理念や哲学といった概念に関する議論や，入門書的な文献が多くを占めている。

　そのような流れに変化が出てくるのが，1980年代であり，ボランティア活動の実践に基づく分析を試みる文献が登場するようになる。具体的には，地域福祉や在宅福祉サービスとボランティアの関係をテーマにしたもの，コーディネーターに着目したものなどが増え始めている。社会福祉サービスは，社会福祉法や介護保険法の施行により地域を基盤にした制度設計へと転換してきているが，それ以前の措置制度時代は公的な社会福祉サービスでは充足できない地域のなかで生じる困り事にボランティア活動が対応してきた側面がある。1980年代から，この行政あるいは国との公私分担・公私協働の議論を，ボランティア活動を通して検証・問題提起することが増え始めている。本来ボランティア活動は自発性があり，個人の自由な意志に基づくものであるという前提のもと，ボランティア活動に対する行政の介入を痛烈に批判する研究もある。

　1995（平成 7 ）年以降は，わが国が直面する度重なる災害によって被災地支援が注目され，震災あるいは災害をテーマにした研究が増加傾向にある。そして着目すべきは，2002（平成14）年の中央教育審議会答申「青少年の奉仕活動・体験活動等の推進施策について」である。阪神・淡路大震災では，140万人を超えるボランティアが集まり，そのうち約 4 割が若者や学生であったといわれている。社会的にボランティア活動の重要性が広く認識されるようになったこととあわせて，学生の自主性や主体性を育む方法のひとつとしてボランティアが注目された。すなわち，ボランティア活動の教育効果に着目し，学校教育におけるボランティア活動を奨励する施策が進んでいく。初等中等教育では「奉仕活動・体験活動等」を正規の教育活動として位置づけたり，大学においても，ボランティア関連科目やサービスラーニング科目，NPO に関連する専門科目，さらにはインターンシップを単位認定する流れが進んだりした。そして，こういった学外での活動をコーディネートするために，大学ボランティアセンターの開設が全国的に広がっていった。このような教育現場における一連の流れによって，ボランティア研究も教育実践としてのボランティア活動，学校と地域をつなぐコーディネートに着目した研究が増加している。

　さらに2000年代は，社会問題が複雑・多様化するなかで，市民社会，公共，NPO，まちづくりといった，ボランティア活動に類似しているもののボラン

ティアという用語を使用していない文献も多数存在するようになる。

　ボランティアに関する研究テーマは，時代の流れに少なからず影響してきており，どちらかといえば社会福祉分野が中心となっていた研究が，行政や公的サービスとの関連で議論が盛んになり，阪神・淡路大震災を機に教育分野に広がったり，ほかの学問分野でも取り扱われたりするようになっている。そしてそれは，「ボランティアとは何か」を追求するよりも，わが国が直面する様々な社会問題の解決方法としてのボランティア活動を検証する傾向にあるといってよいだろう。

2　ボランティア研究の内容

（1）ボランティア研究の目的

　ボランティア研究の目的は，時代によって変化しているといえる。1970年代頃までは，社会事業のなかからボランティアとは何かという要素を見出したり理論化を試みたりするものや，諸外国の文献紹介などが主流であった。1980年代以降から，ボランティア活動の実態調査，行政との公私協働や分担など，日常生活に生じる生活課題との関連からボランティア活動の実態を捉えようとする研究へと展開されてきた。1995（平成7）年以降は，ボランティアそのものを問うというよりもむしろ，ボランティア活動の教育実践やそれによる教育効果の検証，地域とをつなぐコーディネート論，ボランティア活動を通した市民社会の形成やコミュニティづくりなど，様々な切り口から研究が取り組まれている。

（2）ボランティア研究の対象

　研究目的によってその対象は変わってくるが，ボランティア研究の対象は，概ね活動そのものの事例，ボランティアをする側／される側，コーディネーター（あるいはコーディネートする組織）などに分けられる。特にボランティア研究でよく目にする文献は，多様な活動の事例報告であろう。1995（平成7）年以前は，社会福祉分野を中心とした活動事例が研究の対象とされてきたが，

それ以降，震災ボランティアをはじめとして，多種多様なボランティア活動が展開されている。そのため，各分野・領域におけるボランティア活動の事例を取り扱った研究が多数存在する。それと同時に，ボランティアをする側の実態把握や活動による教育効果を検証する研究も多い。一方で，ボランティアをされた側（人や地域）を対象にした研究はそれほど多いとはいえない。また，ボランティアセンターや NPO 団体など，ボランティア活動を推進する組織を対象とした研究も盛んに行われている。

（3）ボランティア研究の方法

　研究方法は，主として事例研究，アンケート調査，インタビュー調査が採用されている。事例研究では，多様なボランティア活動の実態や活動に至る過程などをまとめて発信することで，ボランティア活動を社会に根づかせる意図が感じられる。事例研究と同時にインタビュー調査も行われている研究がある。たとえば，その活動を始めたきっかけや活動中の困難・やりがい等について明らかにしようとするものである。アンケート調査においては，実態を把握するものから，活動前後の教育的効果を測定するものまで存在する。実態把握は，組織的に行政や団体が大規模調査を実施しているのに対し，教育効果の検証は教育機関で取り組まれていることがほとんどである。教育効果の検証では，とりわけシティズンシップ教育[3]の観点から，ボランティア活動が子ども・若者に効果的であったかの研究が進んでいる。

3　ボランティア研究のおもしろさ

　これまで，ボランティア研究の動向について概観してきたが，改めてボランティア活動を研究することの価値やこれからのボランティアについて検討してみたい。

（1）ボランティア研究の意義・価値

　世界ボランティア宣言（2001年）のなかには，以下のような文言がある。

> 　私たちはボランティアの発展を追求し,
> ・コミュニティ全体の関与を引き出し, 問題の特定と解決に取り組み,
> ・若者が生活の中で継続的な役割を果たすことによってリーダーシップを奨励し,
> 　可能とし,
> ・自ら声を上げられない人のために声を上げ,
> ・人々をボランティアに参加させることを可能にし,
> ・補完するが, 他のセクターや賃金労働者の労力による責任ある活動を代替させず,
> ・人々が新しい知識やスキルを身につけ, 自分の潜在的能力, 自立性, 創造力を十
> 　分に発揮できるようにし,
> ・家族, 地域社会, 国家, 世界的な団結を促進する。

　私たちが生きる地球上で生じる様々な社会問題は, 私たちの日常生活にあらゆる形で影響を及ぼす。だからこそ, 人間同士が協働し, 共に生きる社会を創造していかなければならない。その一翼を担うのがボランティアであるし, ボランティアそのものの発展を追求することが肝要である。そして, ボランティアを研究することは, ボランティアの発展のために行うことである。そのような意味においては, ボランティアの研究動向を知り, これまでのボランティア研究から得られる知見は価値があり, これからも発展させていかなければならない。

　ところで, これまで多様な学問領域でボランティアの研究が進められてきているが, 特定の学問領域に限定しない学際的なボランティア活動をどのように把握したらよいのだろうか。そのヒントとなるのが, 『ボランティア活動研究』第11号 (2002年発行) の「理論はボランティア活動をどう語ってきたか」をテーマにした特集である。哲学, 社会学, 心理学 (社会心理学), 教育学, 政治学, 経済学の専門家が, 各学問分野におけるボランティアの研究状況についてまとめ, かつ, 学際的な議論を展開している。詳細な内容は同雑誌を確認いただきたいが, そこでは, ボランティアの自発性, 報酬, 公共性などにまつわる問題点が議論されている。とりわけ, 「役に立つ」ボランティアと「意味がある」ボランティアに関する議論はこれから, あるいはすでにボランティア活動

を実践している読者にとって，非常に興味深い内容である。おそらくボランティア活動をすると，相手の役に立たなければならないという気持ちを抱くことは少なからずあるだろう。そういった強迫観念のようなものが障壁となり，自発性を奪ったり，やらされたりするボランティア活動になってしまうおそれがある。

　また別の観点で，岡本栄一[4]は「ボランティア活動や NPO を，資源的に『活用する』という言葉が散見する。『資源化』とか『活用』という言葉は，される側に立てばいやな言葉」であり，「ボランタリズムは民主主義社会の形成の根幹にかかわる。社会の活性化や連帯，自己実現やアイデンティティの獲得とも関係し，人権擁護やアドボケート，システムの開発や社会的課題の解決とも深く関わる」と指摘する。現代社会は，ボランティアを取り巻く状況とボランティアの本質とが矛盾していたり，バランスを欠いたりする不安定な社会なのかもしれない。だからこそ，ボランティアの社会的価値を追求することが求められ，それに寄与するための研究が重要なのである。

（2）研究動向から紐解くボランティアのこれから

　これまでの本章の内容を踏まえ，ボランティアのこれからをもう少し考えてみる。2000（平成12）年以降は，度重なる災害，リーマンショックによる不安定な雇用，子どもの貧困，新型コロナウイルス感染症，紛争など，人的なものから環境的なものまで，私たちの日常生活上のものから世界規模のものまで，あらゆる次元で問題が多発している。こういった社会のなかで，ボランティアをどのように捉え，活動していくのが良いのか。その手がかりとして，2011（平成23）年に発行された『ふくしと教育』第10号「特集　ボランティアをめぐる10の論点」を参考にしたい。

　本特集は各学問領域ではなく，主題別でボランティアの検討を行っている。具体的には，現代社会，まちづくり，ライフサイクル，有償サービス，企業，奉仕活動体験，ボランティア学習の評価，ファシリテート，ボランティアコーディネーターの評価，推進組織である。それら論点整理を受け，池田幸也が「ボランティア・未来への視座」として論考している。池田は次の３つの論点

を示している。

　1点目は，選択か強制かである。ボランティアは自由意志に基づく行為である。つまりボランティア活動は誰からも強制されず自らの選択で行うものである。したがって，ボランティア活動は法律や制度による義務は馴染まない。しかし，学校教育現場では，学校教育法の改正により，ボランティア活動や社会奉仕活動が推奨されるようになったり，都立高校では「奉仕体験活動」が必修教科として導入されたりするなど，児童生徒の意志によらないボランティア活動が行われているのも現実としてある。このような体験の場合，ボランティアはやらされるものというイメージを植えつけてしまうことが危惧されるが，この問題を解消するためには，ボランティア活動を通して児童生徒が学ぶためのプログラム設計や評価が肝要である。ただし学校現場では，それを担う時間や指導者の確保が十分でない点が指摘されている。

　2点目は，無償か有償かである。ボランティアは金銭的な見返りを求めない，無償のものと考えられているといっても差し支えないだろう。それは，金銭的な見返りを求めるのが労働だからである。しかし市場原理に基づく株式会社などの企業が，企業の社会的責任を果たそうと取り組む活動が存在する。これは組織によるボランティア活動といえる。また NPO が行う社会貢献活動も，ボランティアの組織的取り組みとして捉えることが可能である。

　3点目は，主体性か組織性かである。多様なボランティア活動があるなかで，地域づくりの主体として，ボランティアが果たす役割はますます大きくなっている。たとえば，こども食堂や高齢者の見守り活動などがあり，社会的な関係性が薄れていく現代社会において，ボランティアがこのような活動に取り組む意義は大きい。しかし，地域社会が抱える問題を解決するための仕組み作りにあたる行政計画においては，ボランティアもその仕組みのひとつとみなされている。すなわち，ボランティア活動が組織的な体制に組み込まれているため，行政との対等な協働関係を構築できるかが重要な論点となる。

　これら3つの論点を整理すると表4-2のようになる。内面的視点は個別的思想であり，社会的視点は組織的現実である。双方は，対立・矛盾するため，現実の課題に取り組んでいるボランティアはこの矛盾に挑戦しているのである。[5]

表4-2　ボランティアの論点

視点＼論点	1 選択か　強制か	2 無償か　有償か	3 主体性か組織性か	未来への視座
① 内面的	意　思 ↓	（精　神） 心 ↓	個　人 ↓	理　想 ↓
◇コーディネーション	協　働	価　値	合　意	止　揚
② 社会的	↑ 制　度	↑ 金 （経　済）	↑ 国　家	↑ 現　実

出所：池田幸也（2011）「ボランティア・未来への視座」『ふくしと教育』10，24〜27頁。

　以上の論点をふまえると，複雑・多様化した現代社会におけるボランティア活動は何のために行われるのか，そもそもボランティアとは何なのかが改めて問われているといえるだろう。今を生きる私たちが，協働して市民社会を形成していくことには合意していただけると思う。今まさに，市民社会形成に向けたより良いボランティア活動を展開するためのボランティア研究のさらなる深化が問われている。

注
(1)　高森敬久・小田兼三・岡本栄一編（1974）『ボランティア活動の理論——ボランティア活動文献資料集』大阪ボランティア協会。
(2)　(1)と同じ，23〜27頁。
(3)　シティズンシップ教育は，欧米諸国を中心に広がり日本でも2006年に経済産業省が発表した「シティズンシップ教育宣言」を契機に関心が高まっている。社会の構成員として備えるべき市民性や社会性を育む実践的な活動として期待されている。
(4)　岡本栄一（2011）「ボランタリーな活動の社会的価値の追求」大阪ボランティア協会ボランタリズム研究所編『ボランタリズム研究』大阪ボランティア協会，1頁。
(5)　池田幸也（2011）「ボランティア・未来への視座」『ふくしと教育』10，24〜27頁。

参考文献

小笠原慶彰・早瀬昇編（1986）『ボランティア活動の理論Ⅱ　'74-'84活動文献資料集』
　　大阪ボランティア協会。
「ボランティア活動研究」編集委員会編（2002）『ボランティア活動研究』11。

学習課題

　ボランティアで思い浮かぶキーワードを2〜3つ挙げ，そのキーワードを使って，
「ボランティア×〇〇」で文献検索（https://cir.nii.ac.jp/）をしてみよう。検索した
結果から，あなたの興味関心に合う文献を1つ選択し，テーマ，目的，対象・方法，
結果の枠組みに沿ってまとめてみよう。その内容をふまえ，あなたがこれからどのよ
うなボランティアに参加してみたいと思うか，その理由も含めて述べてみよう。

第Ⅱ部

ボランティアの活動の範囲と
ボランティアへの参加に向けて

第5章

ボランティア活動の範囲

　ボランティアの語源は，ラテン語の「volo（ウォロ：志願する）」であり，フランス語の voluntaire から，自発的（voluntary）と従事する（-eer）が結びついてできた言葉である[（1）]。ボランティアを理解するうえで必ず出てくるキーワードに「自発性」「無償性」「公共性」があり，さらに「利他性」「先駆性」「補完性」「継続性」「自己実現性」なども加わるようになり，ボランティアという言葉に含まれる意味は広がりをみせている。本章は，こうしたボランティアを構成するキーワードから，ボランティア活動の範囲について考えていく。

1　ボランティアの価値観

（1）自主的な活動者としてのボランティア（自発性・自主性・主体性）

　自主性とは自ら率先して行動すること，自らの意志で行うことである。「自らの意志」で行うとは，他者から強制されたり，義務として課せられたりするのでもなく，自らが進んで行うということである。

　たとえば，私たちの趣味や余暇の時間の過ごし方を思い浮かべてみよう。その人の好みや嗜好によって違いはあるが，他者から「これで遊びなさい」「このように過ごしなさい」と指示されるのではなく，自らの「遊びたい」や「やってみたい」という気持ち（＝自発性）から行動は生まれる[（2）]。これはボランティアも同じである。ボランティアの自発性とは「自分が活動したい」と思うことからはじまり，それが行動につながれば「活動」となる。さらに，活動の時間，場所，分野も自らの意志で選べることも多い。ただし，自らの意志であ

48

れば何でも自由に活動できるという意味ではない。自らの責任で状況を認識して参加したのであり，活動における行動には責任が伴うことも理解しておく必要がある。

（2）社会の一員としてのボランティア（公共性・利他性・社会性・連帯性）

　公共性とは，ボランティア活動が自己の利益だけではなく，社会と様々な人たちとの連携のなかで成り立ち，相互に支え合うという共生社会を目指す性質をもつものである。ボランティアは，提供する（してあげる）側から提供を受ける（してもらう）側への一方的な関係ではなく，双方向の関係が重視されることで連帯が成り立つのである。目の前で困っている人に対して行動を起こすことが出発点となるが，ボランティア活動を通して，支援を求めている人たちの福祉が向上し，結果として社会全体の利益につながるものと考える。

（3）経済的な理由にとらわれないボランティア（無償性・無給性・非営利性）

　無償性は，ボランティア活動による対価として金銭報酬などの見返りを求めないことを示している。しかし，あまりに厳格に「無償性」を強調すれば，活動に参加する人やきっかけを制限してしまうこともある。近年では，より多くの人がボランティア活動に参加できるように「無償性」の解釈の幅を少しずつ広くするようになっている。たとえば，活動の継続性を支えるために食事代や交通費などを支給したりすることもある。これらのボランティアの形態を「有償ボランティア」と呼ぶこともあるが，この「有償」のボランティアをめぐっては様々な意見がある。

　いずれにしても，1つの労働として賃金などの対価を受け取るには，雇用契約によって結ばれた労使等の関係が前提となる。ボランティアでは，活動における対価を求めるのではなく，自発性や公共性に根ざした活動であることが重要となり，活動に対してどのような目的を位置づけているのかが大切となる。

（4）先駆者としてのボランティア（開拓性・創造性・先駆性）

　ボランティアを構成する要素として，これまで述べてきた「自発性」「公共

性」「無償性」があるが，歴史のなかでボランティアが果たしてきた社会的な役割は活動の「先駆性（開拓性・創造性）」である。ボランティアには，従来の社会での考え方などに基づいて展開されるものだけでなく，より良い社会を創るための取り組みや，社会のなかで求められるニーズに合わせて活動の場を広げていくという創造的な役割が期待されている。

　たとえば，制度の狭間と呼ばれる問題への対応もその一例である。一人暮らしのお年寄りがけがをして歩行に困難さを抱えたとすれば，毎日の生活のなかでどのような困り事が起こるだろうか。図5-1で挙げた項目は想定されるニーズであるが，暮らしのすべてを福祉サービスで支えることは難しい。しかし，本人にとっては大切な暮らしの一部である。こうした既存の福祉サービスでは対応することができない制度の狭間の問題にボランティアによる支えが期待されている。

　ここまでボランティアという言葉に与えられている考え方を紹介してきたが，これをまとめるとボランティア活動は「自分の意志で（強制されずに），課題に対して協力して取り組み，その対価として金銭を期待せず，社会問題の改善・解決を追求する活動」であるといえる。[4]

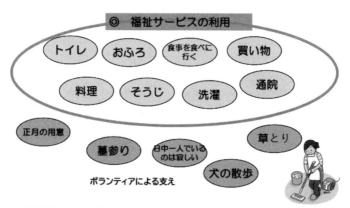

図5-1　ボランティアによる制度の狭間の問題への対応

出所：上田浩史「援助拒否への介入と解決への共同」資料。

2　ボランティア活動の場

（1）活動主体の観点から

　ボランティアと似た言葉としてわが国には「奉仕」という言葉がある。奉仕とは，社会，集団，他人のために尽くすことであり，その活動には自らの意志は関係ないことから，時には指示によって強制的に従事することもある。[5]

　一方で，ボランティア活動は自発性が重視されることから，活動する・しないのほかに，どの分野で，どのような活動をするのかという選択も自由に行いながら取り組むことができることがその特徴である。ただし，学校などで行われる奉仕活動がボランティア活動への参加のきっかけになることもあり，奉仕とボランティアが重なる点もある。そうした場合では，経験から自らやりたかったことを発見し，相手の思いを受け入れるなかで，その関係が双方向になったときにボランティア活動として成立するといえる（表5-1）。

　文部科学省の調査によると，[6] ボランティア活動を魅力あるものにするために必要なこととして，「日常生活の中で無理なくできること」(51.1%)，「人間づきあいに煩わされないこと」(51.0%)，「特別の知識・技能がなくてもできること」(50.7%)，「個人だけで気軽に参加し活動できるようになること」(50.0%) などが挙げられ，ボランティア活動に気軽さや手軽さを求めていることがわかる（図5-2）。

表5-1　ボランティアと奉仕の関係

	ボランティア	奉　仕
自発性 （動機）	自発性が重視される	自身の意思は関係なし （時に強制力をともなう）
無償性	経済的な報酬を求めない （但し交通費などは差し支えないのではないか）	全く無報酬であることが多い （交通費なども自己負担）
利他性	相手を考えつつ，自らの動機ともつなげる「双方向型」 自分　←　互恵的　→　相手	相手に尽くすことがすべて 「一方通行型」 自分　→　相手

出所：久米隼（2021）『これだけは理解しておきたいボランティアの基礎』日本橋出版，25頁。

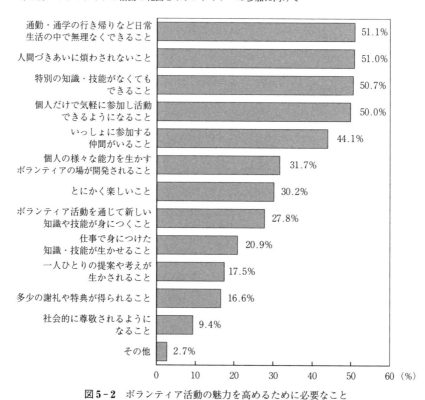

図5-2　ボランティア活動の魅力を高めるために必要なこと

出所：文部科学省「ボランティア活動を推進する社会的気運醸成に関する調査研究報告書」（https://www.mext.go.jp/a_menu/shougai/houshi/detail/1369080.htm　2023年3月27日閲覧）図表2-30。

（2）活動領域の観点から

　ボランティア活動は社会のニーズから発生することから，活動領域は無限に存在する。久米隼は，こうありたい「理想」と実際の「現実」とのギャップに対して，それらを埋めるためにボランティア活動があると述べている（図5-3）。

　現在，ボランティア活動が展開されている主な例として表5-2を挙げておく。これをみると，①直接参加する活動形態，②間接的に貢献する活動形態の2つの形態がある。高度な専門知識をもった活動から，自身の能力や趣味を生かした活動など様々な活動領域がある。

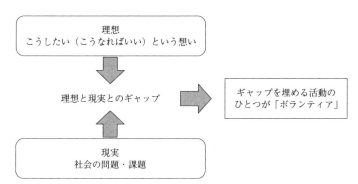

図5-3　「理想」と「現実」のギャップを埋める活動からボランティアが
　　　　　芽生える

出所：久米隼（2021）『これだけは理解しておきたいボランティアの基礎』日本橋出版，
　　　30頁より一部筆者改変。

表5-2　ボランティア活動の例

種　類	例
健康や医療サービスに関係した活動	献血，入院患者の話し相手，安全な食品を広めることなど
高齢者を対象とした活動	高齢者の日常生活の手助け，高齢者とのレクリエーションなど
障害者を対象とした活動	手話，点訳，朗読，障害者の社会参加の協力など
子供を対象とした活動	子供会の世話，子育て支援ボランティア，学校行事の手伝いなど
スポーツ・文化・芸術・学術に関係した活動	スポーツを教えること，日本古来の文化を広めること，美術館ガイド，講演会・シンポジウム等の開催など
まちづくりのための活動	道路や公園等の清掃，花いっぱい運動，まちおこしなど
安全な生活のための活動	防災活動，防犯活動，交通安全運動など
自然や環境を守るための活動	野鳥の観察と保護，森林や緑を守る活動，リサイクル運動，ゴミを減らす活動など
災害に関係した活動	災害を受けた人に食べものや着るものを送ること，炊き出しなど
国際協力に関係した活動	海外支援協力，難民支援，日本にいる外国人への支援活動など
その他	人権を守るための活動，平和のための活動など

出所：総務省統計局（2017）「平成28年社会生活基本調査——生活行動に関する結果　結果の概要」52頁
　　　より大樹生命保険会社が表を作成（https://www.taiju-life.co.jp/joyful/health/068/index.htm　2023
　　　年3月26日閲覧）。

3　ボランティアの組織化と国際化

（1）NPO による組織的な活動

　NPO とは，「Non-Profit Organization」または「Not-for-Profit Organization」の略称で，様々な社会貢献活動を行い，団体の構成員に対し，収益を分配することを目的としない団体の総称である。[8]日本語では「民間非営利組織」などと訳されている。NPO は非営利活動を行う団体のすべてを指し，広義では学校法人，医療法人，社会福祉法人，一般・公益財団法人，一般・公益社団法人，生活共同組合，労働組合，さらには同窓会，同好会，スポーツクラブなども含まれる（図5-4）。

　他の章でも述べられているように，1995（平成7）年に発生した阪神・淡路大震災では，140万人以上がボランティア活動に参加したといわれており，ボランティアという言葉が社会に広がったきっかけとなったことから「ボランティア元年」とも呼ばれている。これを契機にボランティアの組織化の必要性

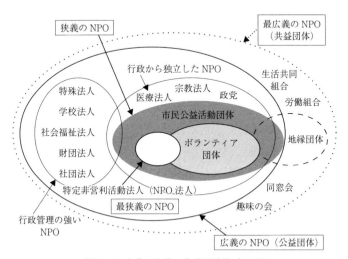

図5-4　広義と狭義の非営利活動（NPO）
出所：大阪ボランティア協会編（2004）『ボランティア・NPO 用語事典』中央法規出版，9頁。

表5-3　特定非営利活動法人の活動分野（2022年9月30日現在）

号　数	活動の種類	法人数
第1号	保健，医療又は福祉の増進を図る活動	29,520
第2号	社会教育の推進を図る活動	24,665
第3号	まちづくりの推進を図る活動	22,433
第4号	観光の振興を図る活動	3,420
第5号	農山漁村又は中山間地域の振興を図る活動	2,938
第6号	学術，文化，芸術又はスポーツの振興を図る活動	18,259
第7号	環境の保全を図る活動	13,171
第8号	災害救援活動	4,319
第9号	地域安全活動	6,313
第10号	人権の擁護又は平和の推進を図る活動	8,899
第11号	国際協力の活動	9,211
第12号	男女共同参画社会の形成の促進を図る活動	4,833
第13号	子どもの健全育成を図る活動	24,393
第14号	情報化社会の発展を図る活動	5,600
第15号	科学技術の振興を図る活動	2,819
第16号	経済活動の活性化を図る活動	8,944
第17号	職業能力開発又は雇用機会拡充の支援活動	12,847
第18号	消費者の保護を図る活動	2,888
第19号	連絡，助言又は援助の活動	23,712
第20号	指定都市の条例で定める活動	318

注：1）　一つの法人が複数の活動分野の活動を行う場合があるため，合計は50,538法人には
　　　　ならない。
　　2）　第14号から第18号までは，改正特定非営利活動促進法施行日（平成15年5月1日）
　　　　以降に申請して認証された分のみが対象。
　　3）　第4号，第5号及び第20号は，改正特定非営利活動促進法施行日（平成24年4月1
　　　　日）以降に申請して認証された分のみが対象。
出所：内閣府NPOホームページ「特定非営利活動法人の活動分野について」（https://
　　　www.npo-homepage.go.jp/about/toukei-info/ninshou-bunyabetsu 2023年3月27日閲覧）。

がいわれるようになり，3年後の1998（平成10）年に「特定非営利活動促進法」
が成立した。法が定める条件を満たすことで「非営利活動法人」の法人格を取
得できることになった。法人格をもつことは，法人の名の下に取引等を行うこ
とができるようになり，団体に対する信頼性が高まるというメリットがある。
詳細については第2章で述べられているが，特定された非営利活動とは，表
5-3に示す20種類の分野に該当する活動である。この法律において「特定非
営利活動」とは，「別表に掲げる活動に該当する活動であって，不特定かつ多

表5-4　特定非営利活動法人の推移

年　度	認証法人数	認定法人数
1998年度	23	—
1999年度	1,724	—
2000年度	3,800	—
2001年度	6,596	3
2002年度	10,664	12
2003年度	16,160	22
2004年度	21,280	30
2005年度	26,394	40
2006年度	31,115	58
2007年度	34,369	80
2008年度	37,192	93
2009年度	39,732	127
2010年度	42,385	198
2011年度	45,138	244
2012年度	47,540	407
2013年度	48,980	630
2014年度	50,086	821
2015年度	50,865	955
2016年度	51,513	1,020
2017年度	51,866	1,064
2018年度	51,602	1,102
2019年度	51,255	1,147
2020年度	50,888	1,209
2021年度	50,783	1,237
2022年度1月末現在	50,459	1,267

注：特定非営利活動促進法は1998年12月施行。認定制度は2001年10月に創設。
出所：内閣府NPOホームページ「特定非営利活動法人の認定数の推移」（https://www.npo-homepage.go.jp/about/toukei-info/ninshou-seni　2023年3月27日閲覧）。

数のものの利益の増進に寄与することを目的とするものをいう」（特定非営利活動促進法第2条）。

　特定非営利活動では，「保健，医療又は福祉の増進を図る活動」「社会教育の推進を図る活動」「子どもの健全育成を図る活動」が多くを占めている。特定非営利活動法人の数は，2018（平成30）年をピークにやや減少しているが（表5-4），その要因として新型コロナウイルス感染症の拡大が影響していると思われる。

特定非営利活動法人（NPO 法人）は，ボランティアと同じように「無償性」として「営利を目的としない」という特質があるが，それは無償で活動するということではない。むしろ，運営団体としての利益は認められており，活動のなかで生まれた利益（収入から経費を除いたもの）は，事業の拡大や社会活動に還元することが求められている。こうした組織化のなかで社会活動が活発化されることが期待されている。

ここまで，ボランティアと非営利活動について述べてきた。ボランティアは個人の活動を示し，複数名が集まれば「ボランティア団体」として個人の集合体となる。一方で，非営利活動は組織を示しており，組織として社会問題の解決に向けて取り組んでいることになる。⁽⁹⁾

（2）NGO による国際的な活動

NGO とは，「Non-governmental Organization」の略称で，日本語では「非政府組織（団体）」と訳される。外務省によると「貧困，飢餓，環境など，世界的な問題に対して取り組む市民団体であれば，NGO と呼ぶことができる⁽¹⁰⁾」とされており，開発・貧困・平和・人道・環境など地球規模の問題に自発的に取り組む非政府・非営利組織を指す。NPO と NGO との共通点と違いについて，外務省は「どちらも市民が主体となり，営利を目的とせずに，課題を解決したり，よりよい社会をつくる活動を行う団体のことを指します。日本では，海外の課題に取り組む活動を行う団体を NGO，国内の課題に対して活動する団体を NPO と呼ぶ傾向にあるようです⁽¹¹⁾」としており，どちらも政府から自立した民間の立場であること，営利を目的にしていないこと，社会の課題に取り組んでいることなどの共通点がある。また，日本には NGO の登録制度がないため，国際協力を行う NGO でも法人格としては NPO 法人である場合もある。外務省によると2022（令和4）年現在に国際協力活動に取り組んでいる日本のNGO の数は400団体以上あるとされている。

日本の NGO が海外で事業を展開する国・地域は，アジアが最も多く約54％を占めている。具体的には，フィリピン，カンボジア，インドといった国々が多い。アジア以外では，中東・アフリカ・北米・中南米・オセアニア・欧州な

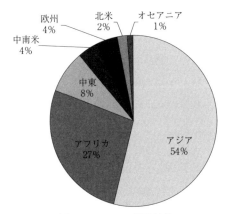

図 5 - 5　NGO の活動地域

注：NGO として海外で事業を展開する98団体を対象としている。
出所：外務省・特定非営利活動法人国際協力 NGO センター（JANIC）「NGO データブック2021」（https://www.mofa.go.jp/mofaj/files/000150460.pdf 2023年 2 月27日閲覧）。

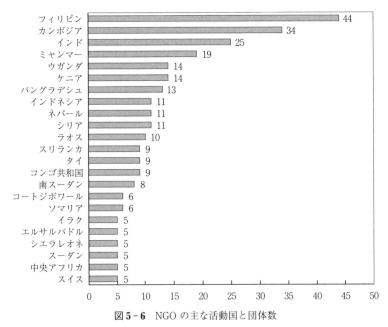

図 5 - 6　NGO の主な活動国と団体数

出所：図 5 - 5 と同じ。

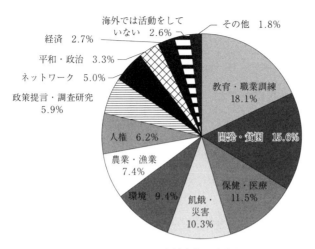

図5-7　海外事業の活動分野

注：NGO として海外で事業を展開する211団体を対象としている。
出所：図5-5と同じ。

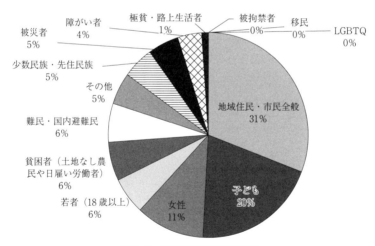

図5-8　海外事業の活動対象者

出所：図5-5と同じ。

ど世界各地の65か国で事業が展開されている（図5-5，図5-6）。

　海外で実施する事業の活動分野に関しては，「教育・職業訓練」119団体（約18%）が最も多く，「開発・貧困」103団体（約16%），「保健・医療」76団体（約12%），「飢餓・災害」69団体（約10%）となっている（図5-7）。さらに，対象者は「地域住民・市民全般」（約31%），「子ども」（約20%），「女性」（約11%），「若者（18歳以上）」（約6%）となっている（図5-8）。

　このように，地球規模の環境，紛争，貧困，飢餓，教育，医療，人権など様々な活動が国境を越えて世界各国で活動が展開されている。

（3）企業による社会貢献への取り組み

　CSR とは，「Corporate Social Responsibility」の略称で，日本語では「企業の社会的責任」と訳される。企業はこれまで経済的な利益を追求してきたが，企業が存続していくためには，利益だけではなく，社会に対する責任を果たしていくことが必要であるという考え方である。ここでいう社会的責任とは，環境問題への取り組みや安全な商品開発，人権，地域への貢献など様々である。担うべき責任の範囲は企業によって異なるが，それぞれの企業が社会課題を見つけて取り組んでいくことを目指すものである。

　さらに，SDGs は「Sustainable Development Goals」の略称で，日本語では「持続可能な開発目標」と訳される国際的な取り組みである。2015年9月の国連サミットで加盟国の全会一致で採択された「持続可能な開発のための2030アジェンダ」に記載され，2030年までに持続可能でより良い世界を目指す国際目標として，貧困，不平等・格差，気候変動による影響など，世界の様々な問題を根本的に解決し，すべての人たちにとってより良い世界をつくるために設定されたものである。内容は世界共通の17のゴール・169のターゲットから構成されている。SDGs に関連した取り組みは，日本においても国も積極的に推進しており，企業や非営利団体などを中心にその取り組みが広がっている。

注

(1)　内海成治 (2014)「ボランティアとは何か——教育の視点から」内海成治・中村
　　安秀編『新ボランティア学のすすめ』昭和堂，7頁。

(2)　久米隼 (2021)『これだけは理解しておきたいボランティアの基礎』日本橋出版，
　　14頁。

(3)　岡本栄一監修 (2005)『ボランティアのすすめ——基礎から実践まで』ミネル
　　ヴァ書房，25頁。

(4)　池田幸也 (2018)『ボランティア論』大学図書出版，23頁。

(5)　(2)と同じ，24頁。

(6)　文部科学省「ボランティア活動を推進する社会的気運醸成に関する調査研究報告
　　書」(https://www.mext.go.jp/a_menu/shougai/houshi/detail/1369080.htm　2023
　　年3月27日閲覧)。

(7)　(2)と同じ。

(8)　内閣府 NPO ホームページ「NPO のイロハ」(https://www.npo-homepage.go.
　　jp/about/npo-kisochishiki/npoiroha　2023年3月23日閲覧)。

(9)　(2)と同じ，100頁。

(10)　外務省「国際協力と NGO」(https://www.mofa.go.jp/mofaj/gaiko/oda/shimin/
　　oda_ngo.html　2023年3月25日閲覧)。

(11)　(10)と同じ。

学習課題

　自分の周りにある「こうしたい（こうなればいいのに）」という課題を挙げ，どの
ようなボランティア活動が求められるのかを考えてみよう。

第6章

ボランティア活動の探し方

　ボランティアを始めようと思うきっかけは人それぞれである。たとえば，友人が地域で活動をしているのをみてだったり，テレビで災害のボランティアをしている人をみてだったり，何かしらの心を駆り立てるきっかけがあり，ボランティア活動を行ってみようと，行動につながるはずである。

　そして活動をしたいと思ったとき，地域の友人が活動していることで心が動かされた人であれば，その友人にどのように一緒に参加できるのかを聞けばよいが，そうでない場合，どのように活動を始めたらよいのか，どこから紹介を受けたらよいのかなど，疑問が残るはずである。本章では，ボランティアを始める際に，どこに相談をしたらよいのか，どこでボランティアの募集をしているのか，またボランティアを行うにあたり，どんなことを視点に始めるとよいのかについてみていくこととする。

1　活動できることを探そう

（1）興味関心から探すボランティア

　ボランティア活動を始めようと思ったときに，その目的や対象者が明確になっていればよいが，そうでない場合，ボランティア活動も，身近な地域のなかで行える活動から，国際的な活動まで幅広いため，探すのも大変である。ではどのようなことに視点を置いて探すとよいのか。

　そのひとつの方法として挙げられるのが，「興味関心」から探る方法である。興味関心とは，「自分はどんな人を対象にボランティアをしようかな」，はたま

表 6 - 1　対象者からみたボランティア

対象者	主な活動内容
高齢者や障がい者	通所や入所をしている人がいる福祉施設で，コミュニケーションやお祭りなどのイベントに関わる。
子ども	放課後等デイサービスやこども食堂で，子どもの遊び相手になったり読み聞かせを行ったり，宿題に一緒に取り組む。
性的マイノリティ	LGBTQ 当事者への差別・偏見，社会的孤立をなくすための集まりやイベントに関わる。
生活困窮者	公園で食事などを提供する炊き出しに関わる。
患者・家族	ガンや精神病で通院・入院中の患者・家族の集まりに関わる。
被災者	瓦礫の撤去や分別，泥出しなど，地震や水害，火山噴火などの災害発生時から復興に至るお手伝いに関わる。
環　境	公園や森林などの自然環境に関わる。
地　域	町内会や行政会議の委員になり，地域のまちづくりに関わる。
国　際	海外で難民や開発途上国の支援，訪日外国人の支援に関わる。

出所：筆者作成。

た「自分はどんなことが好きなのだろうか」などで，「対象者」や「価値観」から探るとよい。

　対象者とは，高齢者や障がい者，子ども，性的マイノリティ，生活困窮者，患者や家族などのことである。その「対象者」からみた，主なボランティア活動の内容について一例を示したのが表 6 - 1 である。

　また価値観とは，「自分は，人のお世話をするのが好き」ということであれば，高齢者施設でコミュニケーションやレクリエーションのボランティアを行うとか，「自分は昔から水泳を習っていたので，スポーツが好き」ということであれば，障がい児の水泳教室の介助のボランティアを行うといったことも考えられるし，重度の障がいをもつ選手もプレーしているボッチャなどの介助だったり，子どもや年配の人，また運動が苦手な人もできるアダプテッドスポーツで，みんなが遊んで楽しめるようにするボランティアだったり，様々考えることができる。その「価値観」からみた，主なボランティア活動の内容について一例を示したのが表 6 - 2 である。

表6-2　価値観からみたボランティア

価値観	主な活動内容
お世話が好き	高齢者や障がい者の福祉施設のボランティア
子どもが好き	子どもや障がい児とお話をしたり，遊ぶボランティア
自然が好き	森林保全，植林，環境美化のボランティア
海外が好き	留学生の支援，途上国への物品支援，募金のボランティア
スポーツが好き	障がい児者スポーツでの介助のボランティア
音楽や絵が好き	カラオケをする，絵を指導するボランティア
このまちが好き	町内会の役員や地域美化活動のボランティア
本が好き	絵本などの読み聞かせのボランティア

出所：筆者作成。

（2）自分のスキルから探すボランティア

　自分に何ができるだろうかと考える場合，大学生などであれば，幼い頃から習っていたスポーツや音楽なども活用できるだろうし，仕事をしている社会人や定年退職をした人であれば，自分が職業上で培ったパソコンや言語などの知識やスキルを活かしてボランティア活動をするのもひとつの方法である。

（3）活動回数から探すボランティア

　ボランティア活動を探す際，活動回数が年数回なのか，月1回なのか，週に数回なのか，はたまた，週末の活動なのか，平日の活動なのかなど，活動できる回数から模索するのも大切な要素である。

　大学生であれば授業や試験，部活や休み期間など，空いている時間や時期をみながら，回数を決めていくことが大切である。学生生活をおろそかにしてまでボランティア活動をすることは，学生として本末転倒である。

　仕事をしている人であれば週末に活動できるかもしれないし，定年退職をした人であれば，時間は自由が効くものの，自分の生活リズムや体の負担も考え，ボランティアの回数を決める必要がある。

　まずは少ない回数から始め，活動をしていくなかで，慣れや状況をみて，徐々に回数を増やしていくことが，心理面や身体面での負担も少なく，長くボ

ランティア活動ができる要素である。

（4）活動への共感から探すボランティア

　福祉施設などを運営している社会福祉法人や医療法人，特定非営利活動法人（NPO法人）などの団体の事業と関連したボランティアに参加する場合も多い。これらの団体は，それぞれミッション，つまり使命に基づいて事業を行っている。

　ボランティアの募集をしていて，それが同じ対象者で同じ活動回数であっても，その団体の活動しているミッションは異なるので，ボランティアを探す場合，団体のミッションに目を通して，「共感」できるところにボランティアに行くことも大切である。その方法としては，ホームページを閲覧すること，また施設にアポイントメントを取って，訪問し，お話を聞いたり，施設見学をし，通所者や入所者の状況をみたり，何回か体験をさせてもらうなどしてから，正式にボランティアを行うことも必要である。

　大学生であれば，たとえば，自分も発達に課題を抱えて放課後等デイサービスに通い，苦しんだ時期もあったけれど，通所したことで，自分も親も救われた経験があり，将来は放課後等デイサービスに就職したいという希望で実習に臨んだとする。実習中に，指導者から声をかけられ，ボランティアの募集をしていることを知り，この施設は「発達に課題を抱える子どもと親が地域で楽しく生活できる」ことをミッションにして，支援を行っているということを知り，施設のミッションに共感して，実習終了後も，ボランティアとして活動を始めるというような形でボランティア活動を始めることもあるだろう。

　また，各地域には社会福祉協議会があり，ボランティアセンターが設置されており，様々な情報を収集，提供している。そのひとつとして，実際に地域で活動している人の話を聞いたり，見学をしたりという講座や支援も行っている。そこに参加し，活動の情報を収集したり，活動内容を目の当たりにすることで活動への「共感」が生まれ，活動へ駆り立てられることにつながるということもある。

2　ボランティア活動の相談先と情報源

（1）ボランティア・市民活動センター

　ボランティア活動を探す，相談する場所として，ボランティア・市民活動セ
ンターがある。都道府県や政令指定都市の社会福祉協議会に設置されていたり，
もしくは，その機能を設けている。

　主な業務としては，各市町村のボランティア活動の状況や，ボランティア団
体の情報，市町村社会福祉協議会のボランティアセンターの活動や，地域の社
会福祉についての理解促進を図る活動を行っている。市町村の社会福祉協議会
に設置するボランティアセンターの後方支援として，ボランティアに関する情
報の提供，相談，紹介，研修など，様々なボランティア活動の支援も行ってい
るので，こちらに相談するのもひとつである。

（2）ボランティアセンター

　各市町村には社会福祉協議会があり，ボランティアセンターが設置されてい
るので，こちらがボランティアに関する一番身近な相談場所であろう。

　そこにはボランティアコーディネーターがおり，「ボランティア活動をした
いという人」と「ボランティアを必要として探している人」を結び付けること
をしたり，情報提供などを行っている。イメージとしては図6−1である。

　主な業務としては，地域の福祉やボランティアに関する情報収集を行い，ボ
ランティアセンターだよりやホームページ，センターの窓口などにボランティ
ア募集の掲示をしたりするほか，ボランティア活動をしている人を講師として
招き，講座なども開催し，ボランティア活動への意識や意欲を駆り立てる活動
も行い，ボランティアセンターに訪れる人と地域の人へ情報提供を行っている。
また主な役割と業務を表6−3に整理した。

　日本各地にボランティアセンターがある。各地域の様々な相談を受け付けて
おり，地域に密接した情報交換が行われている。

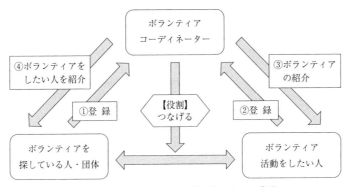

図6-1　ボランティアコーディネーターの業務

出所：筆者作成。

表6-3　ボランティアセンターの業務

役　割	具体的な業務
情報提供	地域の福祉やボランティアに関する情報収集を行い，ボランティアセンターだよりやホームページ，センターの窓口などに掲示するなど，訪れる人と地域の人へ情報提供を行う。
コーディネート	「ボランティア活動をしたい人」と「ボランティアを必要としている人」の相談にのり，ボランティアの情報提供をし，ボランティアのコーディネートを行う。
活動する場の提供	ボランティア活動で話し合う場や活動する会場の提供を行う。
各種講座の開催	ボランティアを希望する人に福祉教育や実際に地域で活動している人の話を聞いたり，見学をしたりという講座の企画・運営を行う。
運営の助言	地域の人のボランティアグループを立ち上げたいなどの相談に対し，活動方法や運営などに関する相談を受け付け，活動資金調達の各種助成金申請のお手伝いを行う。
運営の支援	活動で必要な機材の貸出，提供等も行う。
交流の場をつくる	住民へのボランティアへの参加を呼びかける啓発やボランティアの交流，情報交換，仲間づくりの機会の提供を行う。
調査・研究	ボランティアに関する課題や動向を把握するための情報収集や調査・研究を行う。
ボランティア保険の手続き	ボランティア活動中の事故で，本人がけがをしたり，他人に損害を与え，損害賠償問題が生まれる場合もあるため，保険加入の手続きを行う。

出所：筆者作成。

（3）災害ボランティアセンター

　近年，国内外で頻発する台風等による風水害や地震，津波などの自然災害は各地に大きな被害をもたらしている。

　災害ボランティアセンターは，災害発生時にボランティア活動の拠点となる市町村災害ボランティアセンターを速やかに設置し，大規模な災害が発生した場合，捜索・救助，被災地の支援ニーズの把握・整理を行うとともに，支援活動を希望する個人や団体の受け入れ調整やマッチング活動を行って，インフラ等復旧後の被災住民への支援の一助としてボランティアの活動をするものであり，被災地の大きな支えと力になる。主な役割と業務を，表6-4に整理した。

（4）学　校

　大学などによっては，大学独自のボランティアセンターを設置している場合もあり，社会福祉協議会などのボランティアセンターと同じように，ボランティア活動の紹介などを行っており，学生の主体的な活動を支援している。

　また，教員も，地域をフィールドに調査や実習巡回で地域や施設からボランティアの依頼が個別にきていたりする場合もあり，ボランティアセンターにはない情報をもっている場合もあるので，聞いてみるのもひとつである。

（5）Web（ウェブ）

　各種ボランティアセンターや社会福祉協議会，大学やボランティアグループのホームページを確認すると，ボランティア募集情報が掲載されている場合もあるので，インターネットで情報収集するのもひとつの方法である。

　昨今，ボランティア活動の募集について，まとめて掲載している関連サイトも多数存在しているので，スマホやパソコンから気軽に閲覧することもひとつの方法である。

（6）活動している人

　ボランティア活動をしている人は，様々な人たちと知り合い，様々な体験もし，人や社会，自分について新しい気づきがあったり，知識や技術についても

表6-4　災害ボランティアセンターの業務

役　割	具体的な業務
センターの設置・運営マニュアルの作成・運用	市町村の実情，災害の内容などを考慮し，指針のような設置・運営マニュアルを作成し，運用を行う。
災害時のネットワークの構築	マンパワー，財政支援，活動資材等の物的支援，その他機関の知識，行政の各種災害施策との連携が必要であるため，各地の災害ボランティア活動に対する意識を醸成し，関係者間によるネットワーク形成等を行う。
災害に強い人材の育成	全国各地から被災地にボランティアが集まってくる。また，災害ボランティア活動も多様化しており，ボランティア活動を混乱なく円滑に進めるには，多くのボランティアと支援ニーズを適切にマッチングさせることが求められるので，ボランティア活動をコーディネートする災害ボランティアコーディネーターの養成や，ボランティアニーズを適切に見立て，活動できるために，図上訓練等による初期支援の方策の教育と人材の育成を行う。
災害発生後，速やかな情報の把握と，被災地でのボランティア活動のバックアップ	初期支援チームの派遣，被災状況等の情報収集と発信，市町村社会福祉協議会職員の派遣調整，広域的な視点での被災者ニーズとボランティアのマッチング，全国からのボランティア受入調整等，災害発生後，速やかに被災状況を把握したうえで，被災地の市町村社会福祉協議会や市町村などの協力を得ながら，市町村災害ボランティアセンターの立ち上げ支援や，継続的な運営支援を行う。

出所：筆者作成。

学んでいることから，ボランティア活動を行う第一歩のヒントをたくさんもっている。実際にボランティア活動をしている人に相談をするのもひとつである。

（7）その他

　社会福祉協議会で開催しているボランティア体験講座に参加したりすることで，自分の新たな一面を発見できたり，新たな出会いが待っているかもしれないので，ボランティア活動を始めるための一歩としてそうした講座に参加するのもひとつである。

3　ボランティア活動の登録をしよう

（1）個人での登録

　ボランティア活動を探そうとする場合，社会福祉協議会のボランティアセンターでボランティア登録をすることをおすすめする。

　ボランティア登録は，ボランティアセンターで受け付けられ，登録した情報は，その市町村のボランティアセンター間で共有される。

　登録の要件としては，登録時，その地域に在住もしくは通勤・通学していることを要件としていることが多く，登録料は基本的に無料である。

　登録をすることで，希望の活動内容に合ったボランティア活動の依頼が入った場合に，活動依頼の相談をもらうことができたり，ボランティア活動に関する各種情報が定期的に届く。また登録する個人については，定期的に登録の更新・確認が必要となる場合もある。

（2）グループでの登録

　個人としてではなく，グループとしても登録が可能である。

　現在，認知症患者やその家族を支える団体，障がい児者を支える団体，イベントで音楽や劇を行う団体などで活動をしているグループが登録をする。登録にあたっては，会員名簿や役員名簿の提出，活動内容や直近年度の収支，会則などの提出が求められ，登録の要件としては，会員の人数や，その会員に占める登録する地域に通勤通学している人数などが要件に含まれている場合が多い。

　個人での登録同様に，ボランティア登録は，ボランティアセンターで受け付けをする。登録した情報は，その市町村のボランティアセンター間で共有され，登録をすることで，希望の活動内容に合ったボランティア活動の依頼が入った場合に，活動依頼の相談をもらうことができたり，ボランティア活動に関する各種情報が定期的に届くのと，ボランティア登録団体情報などがホームページに掲載され，団体のPRにつながったり，ボランティアセンターに併設するボランティア活動室や印刷室などの使用もできる。登録する団体については，定

期的に登録の更新・確認が必要となる場合がある。

参考文献

安藤雄太監修（2012）『ボランティアまるごとガイド――参加のしかた・活動のすべて（改訂版）』ミネルヴァ書房。

川村匡由編著（2006）『ボランティア論』ミネルヴァ書房。

学習課題

　これから自分がボランティア活動をしようと考えた場合，どのようなボランティアができるだろうか。「興味関心」「活動回数」「活動への共感」「自分のスキル」などの側面から考えてみよう。

第7章

ボランティア活動に臨むために

ボランティア活動は，ボランティアを依頼したい側とボランティアに参加する側が互いに出会い，活動がスタートすることが多い。つまりこの出会いがなければボランティア活動は成り立たない。この出会いのことをボランティアのマッチングという。マッチングされたボランティア活動であっても，ボランティア活動の長所と短所を理解し，一定の意識のもとで活動を進められなければ，ボランティア活動の本来の目標を達成することは難しい。本章では，ボランティア活動を複数の視点から捉えていく。ボランティア活動に臨むにあたって求められる意識や立場について理解しよう。

1 ボランティア活動の多面性

（1）自発という性質による有効性と懸念

ボランティア活動は，第5章で整理されているように自主性・主体性という特徴がある。これはボランティア活動の活動者側から捉えられることが多いが，はたして活動者側の一方に限ってのことであるのか。実は，ボランティア活動を依頼する側にも自主性や主体性が求められている。それはひとつに「受援力」がなければボランティア活動は成立しないからである。

受援力が注目されたのは災害時のボランティア活動からである。受援力について内閣府は，災害時を想定して「ボランティアを地域で受け入れる環境・知恵など」と整理している。[注(1)]災害時に発災前の元の生活に近づけられるように，必要な救援活動や復興支援を進めることが必要である。その一翼を担うのがボ

ランティア活動である。これまで，各地での災害発生時には，被災した地域に
多くのボランティア活動者がその地域の内外から駆けつけている。しかしなが
ら，ボランティアの活動者が活動を望んだとしても，その地域からボランティ
ア活動の要請や受け入れがなければ，ボランティア活動を進めることができな
い。ボランティアの活動者側からすれば，被災地で困難な生活状況に置かれて
いる被災者がいたとしても，その被災者や被災地域からボランティアを受け入
れられないと，災害ボランティアを進めることはできないということである。
一方で，被災地からみると，支援が必要な状況であったとしても，被災前には
その地域に関わっていないボランティアを含めた外部からの人などを受け入れ
るには一定の覚悟や心づもりが必要である。また，被災により生活が困ってい
るという状況であっても，自分だけボランティアを求めることへの抵抗感や周
囲の目が気になる場合も多い。このようななかで必要な支援を受け入れる力が
受援力であるといわれている。受援力によるボランティアなどの支援を受け入
れるという判断は，ボランティア活動を依頼する側が主体的に判断しないと成
り立たせることはできない。このように，主体性はボランティア活動に参加す
る側だけでなく，ボランティアを依頼する側にも求められるのである。そして
この受援力の考え方は，このような災害時に限られるものではなく，ほかの領
域のボランティア活動にも通じるものである。

　この主体性をもつためには，自発的な認識により，自ら選択し自己決定して
行動することが必要である。この自発性は当事者本位という有効性があると同
時に，別の懸念が存在する。つまりボランティア活動の参加者が，自発的であ
るがゆえに状況を自己中心的に捉えてしまうことである。たとえばボランティ
アの依頼元との契約（ボランティア活動の依頼主からの依頼内容）を無視し，ボ
ランティア活動の活動者の一方的な判断や行動をすることになればどうなるで
あろうか。ボランティアの依頼者がボランティアを依頼していたとしても，ボ
ランティアの活動者への不信感や活動への不満を抱くことにつながることも予想
される。

　反対に，ボランティアの依頼側も自発的な依頼であるからといって，たとえ
ばボランティアの活動者への気遣いがまったくもたれないことや，活動中に休

憩時間が設けられない，当初のボランティア活動の依頼内容を大幅に超えて活動を依頼するなどのことになれば，ボランティアの活動者にとって大きな負担となる。ボランティア活動は無償性の特徴はあるが，安上りな活動（安上りな福祉活動）ではない。このような状況に陥ると，今後のボランティア活動の支障となり得ることも考えられる。

　このことから，ボランティア活動は，活動者と依頼者双方に自発性がある一方で，自分勝手な活動ではないことを十分に留意することが必要である。またそうした自発性の活動であるからこそ，その有効性と懸念をあらかじめふまえたうえで，ボランティア活動を進めることが大切である。具体的にはボランティア活動で取り組む活動内容や活動範囲を活動開始前に計画し，ボランティアの活動者と依頼主の双方が約束（契約）を取り交したうえで活動を開始することや，もし活動内容に変更が生じた際にはボランティア活動の活動者は依頼主やボランティア活動を調整するボランティアセンターに，また依頼主は活動者やボランティアセンターに相談したうえで進めることが必要である。

（2）社会参加の意味

　ボランティア活動は，活動を進めることによる目標達成（ボランティアの依頼内容が到達することや問題解決など）という意味だけではなく，多面的な意味をもっているといえる。そのひとつに，第5章にあるボランティア活動の特徴にある社会性・連帯性につながる視点がある。これらを簡潔にいえば，社会をより良くしたいという想いから，困ったときはお互いに助け合うことを意識してボランティア活動を進め，安心して生活することのできる環境をつくり上げていく活動といえる。

　そうしてボランティア活動は，安心して生活することができる社会づくりやセーフティネットの構築につながるともいえる。つまりボランティアの依頼主と活動者の個別の関係だけでなく，ボランティア活動が活発化することにより，ボランティア活動で出会う人々の相互の関係性も広がり深まっていく。このようにボランティア活動は多様な人々との交流や，ボランティア活動を通しての社会や市民の一員としての社会参加としての機会や，社会での自身の役割を認

識し高めることのできる社会的自己実現の機会にも位置づくのである。また，このようなボランティア活動により自主的な社会づくりを進める取り組みや市民による主体的な社会活動の考え方や実践を指して，ボランタリズムといわれることがある。ボランティア活動を進めるにあたっては，ボランタリズムの精神もふまえて，自主的に社会参加する意味があることを留意しておきたい。

2　ボランティア活動に参加するにあたっての意識

（1）主体性をもとにしたボランティア活動

　ボランティア活動では活動に参加者側と依頼者側の双方に主体性が必要であることを前節で説明した。主体性をもって活動を進めるためにも，ボランティア活動を始めるにあたり，自分として，どのような内容で，どの程度の期間で活動に参加するのかなどを整理することが必要である。

　たとえばボランティアの依頼者側は，何らかの理由や状況からボランティア活動を依頼する理由や動機，ニーズがある。一方でボランティア活動の依頼に至る前の生活では，ボランティアには頼らない状況で自身の生活を営んでいる。その時点で自らの力でできていることは，基本的にはボランティアに依頼しなくとも自らでできることが大半と考えられる。人生は，自分の生活で可能なことは自分で切り開き，自分らしい日々を送ることが大切であり，それは自立の考え方に通じている。そのうえで，自分としてできないことや支えが必要なことや，今後の生活をより豊かにするためなどに，ボランティアによる支援を受けたいことを想定しておくことが必要である。

　一方のボランティア活動の活動者にとっては，自分の生活時間のなかからボランティアに参加することから，どこまでであればボランティア活動に期間や時間を費やすことができるのかということや，どのような内容であれば具体的にボランティア活動ができるのかについて把握しておくことが大切である。

　また，ボランティア活動を進めるなかでは活動者と依頼者側の双方に主体性があるということは，その両者の主体性がぶつかることもある。その際には，活動者と依頼者の主体性の折り合いをつけることが必要となってくる。基本的

な考え方としては，ボランティア活動は依頼者側のニーズに合わせて進むことが望ましいことから，依頼者側の主体性をもとにボランティア活動を調整することが求められる。ただし，依頼者側の安定した自立生活を視野に入れることが必要であることから，依頼者の自立の妨げとならないようにし，ボランティアの活動者に過度に依存することとならないように留意することが求められる。

（2）活動時の活動者の意識

　ボランティア活動の活動者は，活動に参加することでの見返りを求めない原則（無償性）がある。つまり，活動において必要となる資源（いわゆるヒト・モノ・カネ・情報）については自己責任で用意することが必要となる。ここでのヒトとは，活動者自身の活動時の心身の状況などのコンディションやボランティア活動に費やす時間，活動後の疲労の管理などである。モノとは，活動にあたって必要な資材や活動時の衣服，活動時間中に必要となる食糧の準備などである。カネとは活動参加にあたっての現地までの交通費や活動時間中の移動費のほか，ヒト・モノを用意し整えるために必要な費用などである。情報にはボランティアの活動にあたり必要となるあらゆる内容（活動先までの移動手段，活動先からのニーズと詳細の活動内容，活動終了後に必要な場合は食事や宿泊施設の状況）が含まれる。ボランティアの活動者はボランティアの活動内容を事前に想定し，これらの活動に必要な資源が枯渇することや不足が起きないようにすることが必要である。仮にこれらの資源に不足が生ずるとすれば，ボランティア活動の活動先や依頼者の負担になることなども想定され，活動者と依頼者側の双方にとってボランティア活動の本来の目的を達成させることができなくなる懸念がある。

　また，ボランティア活動で起こり得る万が一の事故を想定し，ボランティア活動保険などに加入することが望ましい。ボランティア活動保険の加入は基本的には活動者の任意とされているが，災害ボランティア活動など，ボランティア活動での危険が予想される際には活動参加の条件とされることもある。また，ボランティア活動保険は主に社会福祉協議会で受け付けされており，活動者にとっても身近に加入することができるものである。ボランティア保険は事故発

表7-1　ボランティア活動の5つのポイント

```
1. 興味や関心がある身近なことからはじめよう
     興味や関心のないことからは長続きしません……
2. 無理をしない
     最初から欲張らないで，余裕をもって
3. 約束やルールは必ず守ろう！
     まわりの人に迷惑がかからないように。個人情報などの秘密を守ることも大切です
4. 相手や関係者の立場を尊重しよう
     さまざまな立場や思いの人たちが，さまざまな役割で関わります
5. 保険にご加入ください！
     万が一の備えとしてボランティア活動保険への加入を
```

出所：大阪市ボランティア・市民活動センター「ボランティア活動をしてみたい方へ」（https://ocvac.osaka-sishakyo.jp/volunteer/　2023年4月18日閲覧）。

生時の補償額や，天災時に対応する型などによりいくつかのプランがあることが多いが，各年度で1人あたり1000円前後と比較的安価で加入できることもあり，ボランティア活動にあたってはぜひ利用を検討してほしい。

　このようなボランティア活動時の事故等に備えることも必要であるが，それ以上にボランティア活動ではけがや事故がないように，安全第一で活動を進めることが特に重要である。このこともあり，ボランティアの活動時には自身の状況もふまえてどのようなことができるかを提示するとともに，自身に無理や負担が大きすぎる際にはこれ以上できないということをボランティア先の相手やボランティアセンターに提示することも，ボランティアを円滑に進めるためにも必要といえる。

　なお，ボランティア活動の5つのポイントがまとめられた資料（表7-1）があるため，ボランティア活動を考えている際は事前に確認してほしい。

（3）依頼者側の意識

　ボランティア活動においては，ボランティアを依頼する側（依頼者）がいることが多い。依頼者がボランティア活動を依頼するにあたっては，ニーズや何らかの生活上での困り事があることからボランティアを要請することが一般的である。

　ボランティアの依頼者側の意識としては，ボランティア活動の依頼時に何に

困っているのかを整理し，ボランティアの受け入れを通して，何をボランティアにお願いしたいのかということや，どのような生活をしていきたいと考えているのかをあらかじめ整理することが必要である。

　ボランティア活動を依頼することは，ボランティア活動の活動者にすべてを丸投げするのではない。活動者のサポートを受け入れながらも活動者と協働し，依頼者側が自らできることは自身も取り組むことが大切といえる。そのうえでボランティア活動への依頼を通して，自分の生活を可能な限り自分で成り立たせるという意識や，生活をより豊かにするという意欲をもつことが重要であり，そのことが依頼者の自立にもつながっていくと考えられる。

　ただし，このような前向きな意欲や意識を依頼者が事前にもつことは極めてハードルが高いといえる。たとえば災害の被災時には，混乱のなかで家具などの片付けをしているところでボランティアを依頼することが予想される。その依頼時に先述した前向きな意向をもつことは困難である。被災時には，被災者がもっている力が落ちている（ディスパワーしている）といえる。ただし，依頼者がボランティアを受け入れ，ボランティアの活動者との交流や想いを語ることから少しずつ元の状況に回復することも期待される。また，ボランティアの依頼時にボランティアセンターなどを利用する際，ボランティアコーディネーターが依頼者からの相談を受け付け，その被災者に寄り添い，共に活動を描いていくという役割をもっている。このため，ボランティアコーディネーターなどの専門職による支援力を使いながら依頼者の本来の生活力を取り戻していくこともボランティア活動を通して進めることも可能である。

　あわせて依頼者側はボランティアの活動者により助けられる側面もあることから，活動者への感謝の気持ちやねぎらいの言葉をかけることなどができれば，依頼者と活動者の相互の関係性が深まっていくものと考えられる。

3　継続的にボランティア活動を進めるために

（1）ボランティアの継続性が求められる背景

　ボランティア活動の活動分野や活動内容は，極めて多種多様である。活動に

よっては福祉施設などによるイベント開催時の手伝いなどのその当日限りのボランティア活動も存在する。ただし，単発の機会のボランティア活動であったとしても，ボランティアの活動者と依頼者が出会う貴重な機会であるともいえる。そのボランティアとのご縁を大切にしながら，ボランティア当日限りの関係ではなく，その後のボランティアとの交流等を仕掛けることも可能である。

　そのように関係性を維持することから，活動先の利用者などの長期的な生活のサポートなどが可能となることや，ボランティア活動の活動者がその活動に対する理解者や長期的な協力者になることも期待されるため，関係の継続性についても意識しておくことが有効である。

　あわせて特定の課題をもとにして，ボランティア活動を定期的に実施，あるいはプログラム化するなど，継続的な活動機会とすることも考えられる。そのような活動であっても，その時期やフェーズの変化によりボランティアの活動内容が変化することも考えられる。活動内容が変化する可能性があることについてあらかじめボランティア活動者や活動先にも伝えておくと，活動の展開がスムーズになることも考えられる。

（2）ボランティア活動における関係者間の関係性

　ボランティア活動とは，活動者側がボランティアを通して善行を行う機会ではない。恵まれない人や困っている人を助けてあげたい，という動機を活動の中心にもつことは避けたい。仮に助けてあげたいという想いで臨むとすれば，ボランティア活動の活動者の立場が上位，ボランティア活動を依頼する側（ボランティア活動の受け手）が下位という上下関係を生み出す懸念があるからである。また，ボランティア活動での相手方（活動者側であれば依頼主，依頼主からは活動者側）の多様性や価値観の違いが批判的に捉えられることが危惧されるためでもある。

　ボランティア活動は，参加する人の経験値を増やし，多様な社会観をもつことにつながるものである。別の表現をすると，ボランティアは活動への参加を通して活動に携わる人の生き方を豊かにすることともいえる。そのためにも，ボランティア活動に携わる人自身にメリットがあるという意識を大切にし，ボ

ランティア活動の活動者と依頼側が相手の多様性を正しく理解するとともに，お互いに対等な関係性であることを認識することが重要である。

（3）ボランティア活動におけるコーディネーションの必要性

　ボランティア活動を進めるにあたっては，ボランティア活動が正しく認識され，ボランティア活動の活動者と依頼者が協働することが求められる。そのためにもボランティア活動についての多様な調整活動が必要となる。これらの活動についてボランティアコーディネーションと呼ばれることがある。

　コーディネーション（coordination）とは，日本語で同等や対等，調整などという意味を有している。つまり，ボランティアコーディネーションとは，直訳するとボランティア活動を進めるにあたっての調整などと解することができる。この意味のみの理解であれば，ボランティア活動の活動者と依頼者の間の相互を取り持ち，ボランティア活動を進める調整をするように捉えられがちであるが，ボランティアコーディネーションの範囲はそのような狭義ではないと考えられている。

　筒井のり子は，認定特定非営利活動法人日本ボランティアコーディネーター協会のボランティアコーディネーションについての定義をもとに4点のポイントを，①ボランティア（活動）の意義を正しく認識していること，②多様な人や組織が対等な関係でつながれるようにすること，③多様な人や組織を調整して新たな力を生み出せるようにすること，④一人ひとりが市民社会づくりに参加できるようにすることと示している。ここにある市民社会とはシビル・ソサエティ（civil society）と呼ばれ，一人ひとりの市民が主役となり個々の認め合いや支え合いを大切にしながら社会づくりに参加している社会であると考えられている。ボランティアコーディネーションは，ボランティア活動が多様な人や組織が対等な関係性を築く機会であることや，市民社会づくりに向けた参加の機会であることなども包含して進められる。ボランティアコーディネーションは，狭義の意味でのボランティア活動に参加する（供給）側と，活動を依頼する側（需要）の活動調整にとどまってはいけない。

　ボランティアコーディネーションの役割を担う専門職やスタッフは，ボラン

ティアコーディネーターと呼ばれている。ボランティアコーディネーターは，地域でのボランティア活動をはじめとして地域福祉を推進する市町村社会福祉協議会や，大学や非営利団体などに設置されるボランティアセンターなどに配置されていることが多い。ボランティア活動を円滑に進めるためにも，ボランティアコーディネーションの役割は今後も増していくと考えられる。

注
(1) 内閣府防災担当「防災ボランティア活動の多様な支援活動を受け入れる——『地域の「受援力」を高めるために』」(https://www.bousai.go.jp/kyoiku/bousai-vol/product/juenryoku/juenryoku00.pdf 2023年3月20日閲覧)。
(2) 日本ボランティアコーディネーター協会編／早瀬昇・筒井のり子 (2015)『ボランティアコーディネーション力——市民の社会参加を支えるチカラ ボランティアコーディネーション力検定公式テキスト』中央法規出版，92頁。

参考文献
新崎国広監修／南多恵子・後藤光弘編著 (2006)『社会福祉施設ボランティアコーディネーションの実際』久美。
大阪ボランティア協会編 (2017)『テキスト市民活動論 (第2版)』大阪ボランティア協会。
災害ボランティア活動ブックレット編集委員会編 (2021)『被災地に寄り添う災害ボランティアセンター運営』全国社会福祉協議会。

学習課題
　ボランティア活動時の活動者の意識としてもっておくべき内容についてまとめてみよう。

第8章

地域課題の発見に向けて

　ボランティアの活動を続けていると，対象者や活動自体を通して，個別的な課題だけではなくその地域の課題を感じることがある。本章では，ボランティアはその活動のなかだけの「閉じた」存在ではなく，地域で解決が必要な課題を関係機関とともに考える「開かれた」存在であることを確認し，地域包括ケアシステムや地域共生社会の施策でどのようにその役割が記載されているのか確認する。そのうえで，課題をみつける，課題を整理する手法について取り上げる。ボランティアと関係機関の関係を意識して読み進めてほしい。

1　ボランティア活動を通してみえてくる課題

（1）地域課題の把握とボランティア活動
　ボランティア活動は個人の成長や体験だけでなく，その活動する地域の課題に気づくきっかけになる。ボランティア活動をするなかではじめに接する内容は，ボランティアを求めている個人の困り事かもしれないが，活動を通して彼らの困り事の背景にある地域課題がみえてくることも少なくない。この「地域課題」の地域は，本人の生活している町内に限らず，小学校・中学校区や市町村といった多様な視点で考えていくことが必要である。ボランティアを必要としている人の生活に寄り添うことで，他者の生活を想像することになり，普段の生活では意識しなかった課題がみえてくる。
　では，それらの課題を発見したとき，どのように対応すればよいのだろうか。ボランティアの活動範囲の延長として短期間で解決できるものだけでなく，制

82

度や政策のように長期的な視野で取り組まなければ解決が見込めない課題もある。解決すべき地域課題を埋もれさせないためにも，ボランティア活動で気づいたことを「言葉」にしていくことが必要となる。

（2）地域包括ケアシステムや地域共生社会への反映

　地域課題を解決することが目指されている代表的な施策である地域包括ケアシステムや地域共生社会において，ボランティアがどのように位置づけられているかみておこう。まず，高齢者福祉領域における地域包括ケアシステムとは，要介護状態となっても，住み慣れた地域で自分らしい生活を最後まで続けることができるように住まい・医療・介護・予防・生活支援が一体的に提供されるシステムのことを指す。図8-1は厚生労働省が示している地域包括ケアシステムのイメージ図であるが，地域のなかで元気に暮らし続けるための「生活支援・介護予防」のなかにボランティアや NPO が位置づけられていることがわかる。このイメージ図はサービスの提供者としての側面が強いが，専門職だけではなく，「地域の自主性や主体性に基づく」ことを前提としており，地域住民や地域で活動するボランティアに地域包括ケアシステムの構築への大きな期待が寄せられていることがわかる。

　また，地域包括ケアシステムを構築するための重要な方法として，「地域ケア会議」がある。地域ケア会議は，地域包括支援センターや市町村を中心として，多職種協働による個別ケースの課題解決を目的とした会議に加え，これら個別ケースの課題解決を行っていくことを通してみえてきた地域課題を関係者と共有するための会議も行う機能を担っている（図8-2）。「地域づくり・資源の開発の検討」の輪のなかにボランティアが位置づけられており，ボランティア活動を通してみえてきた課題を地域包括ケアシステムに反映させていくことが期待されている。

　次に，地域共生社会についてみてみよう。地域共生社会とは，制度・分野ごとの縦割りや「支え手」「受け手」という関係を超えて，地域住民や地域の多様な主体が「我が事」として参画し，人と人，人と資源が世代や分野を超えて「丸ごと」つながることで，住民一人ひとりの暮らしと生きがい，地域をとも

地域包括ケアシステム

○　団塊の世代が75歳以上となる2025年を目途に，重度な要介護状態となっても住み慣れた地域で自分らしい暮らしを人生の最後まで続けることができるよう，**住まい・医療・介護・予防・生活支援が一体的に提供される地域包括ケアシステムの構築を実現していきます。**
○　今後，認知症高齢者の増加が見込まれることから，認知症高齢者の地域での生活を支えるためにも，地域包括ケアシステムの構築が重要です。
○　人口が横ばいで75歳以上人口が急増する大都市部，75歳以上人口の増加は緩やかだが人口は減少する町村部等，高齢化の進展状況には大きな地域差が生じています。
　地域包括ケアシステムは，**保険者である市町村や都道府県が，地域の自主性や主体性に基づき，地域の特性に応じて作り上げていくことが必要です。**

地域包括ケアシステムの姿

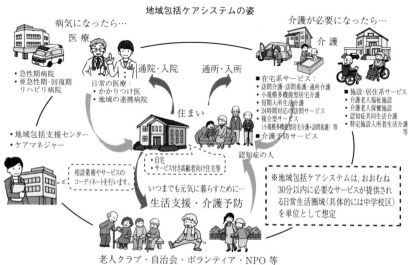

図8-1　地域包括ケアシステムのイメージ図

出所：厚生労働省「地域包括ケアシステム」(https://www.mhlw.go.jp/stf/seisakunitsuite/bunya/hukushi_kaigo/kaigo_koureisha/chiiki-houkatsu/　2023年3月30日閲覧）より。

に創っていく社会のことを指す。また，高齢者だけでなく，生活上の困難を抱える人も含んだ包括的支援体制の構築をすることも含まれ，地域を基盤とした包括的支援の強化や地域課題の解決力の強化が目指されている。

　図8-3は，地域における住民主体の課題解決力強化・包括的な相談支援体制のイメージ図で，「地域住民が主体的に地域課題を把握して解決を試みる体制づくりを支援する」項目のなかに，地域課題の把握や受け止める場として各社会資源が列記されている。そこで地域住民ボランティアを一番に記載しているところからも，地域課題の解決を通して地域の基盤づくりをすることが期待

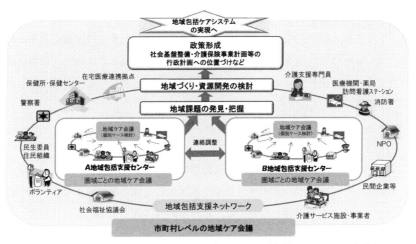

図 8 - 2　「地域ケア会議」を活用した個別課題解決から地域包括ケアシステム実現までの
　　　　イメージ図

出所：厚生労働省「地域ケア会議について」(https://www.mhlw.go.jp/seisakunitsuite/bunya/hukushi_
　　　kaigo/kaigo_koureisha/chiiki-houkatsu/dl/link3-1.pdf　2023年 3 月30日閲覧)。

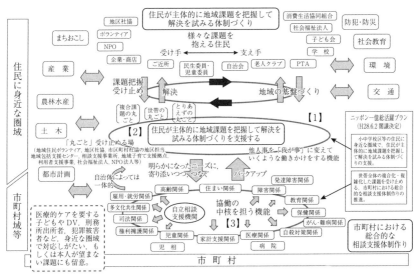

図 8 - 3　地域における住民主体の課題解決力強化・包括的な相談支援体制のイメージ図

出所：厚生労働省「『地域共生社会』の実現に向けた包括的な支援体制の整備等について」(https://www.
　　　mhlw.go.jp/topics/2018/01/dl/tp0115-s01-01-04.pdf　2023年 3 月30日閲覧) より。

されていることがわかる。これらの施策については，自治体の責任を地域やボランティアに丸投げしているというような批判もあり，多くの議論の余地は残されているものの，当事者の目線から困り事を地域課題として捉え，政策に反映させる機会を活かすことは住民主体の地域福祉を考えるうえで重要である。

2　地域課題の解決とボランティア活動

（1）ボランティア活動での気づきを言葉にする

　前節において，ボランティア活動が地域課題の把握と解決に重要な位置づけとなっていることを確認した。では，地域での「課題」をどのように整理していけばよいだろうか。ここでは，ボランティア活動における「ふりかえり」の重要性を取り上げる。ふりかえりの方法としては，活動記録のように文字にするようなこともあれば，ボランティア団体の責任者や社会福祉協議会のボランティア担当者などに話すことなども考えられる。原田正樹は，「意図的に活動をふりかえる時間をつくり，気づきを意識化したり，課題を整理してみたりすることが大切である[1]」とし，ボランティアコーディネーターの重要な役割に位置づけている。ふりかえりはボランティアの対象者に対する自分自身の関わり方といった個人的な内容に収束する可能性もあるため，ボランティア活動自体のことや地域における気づきなど，視野を広げながら実施する必要がある。

　ボランティアコーディネーターやボランティア団体でボランティアのサポートをする役割の場合は，ボランティアが活動を通して気づいたことを言葉にしやすい環境づくりが求められる。個人情報保護や守秘義務などの遵守すべきことはあるが，ボランティア活動者が課題を抱え込みすぎないように安心・安全にふりかえりができる環境を整えることが求められる。そして，ボランティア活動者から集めた地域課題について，状況によってはすぐに関係機関に相談をしたり，地域ケア会議で関係機関に共有できるように準備したりする必要がある。

（2）ボランティア活動と他の社会資源との連携

　地域包括ケアシステムや地域共生社会において，地域を支援するネットワークを構築することが重要であり，ボランティア活動も必要に応じて他の社会資源と連携していくことのメリットは多い。現代社会では，複合的な課題を抱える家族への支援のニーズも高まっており，現在の制度の枠組みでは対処できない問題も増えてきている。また，専門職等は支援が必要と捉えるような内容であっても，本人に困り感がなく発見が遅れ，対応が後手に回ってしまうようなケースもある。このような場合，専門職へ相談すること自体に抵抗感のある当事者も多く，ボランティアのような身近な人々による声かけが相談の契機になることもある。また，他の専門職とボランティアがつながっていることも重要である。たとえば，傾聴ボランティアとして高齢者宅へ訪問した際，高齢者が普段と様子が違うと感じた場合は，所属するボランティア団体に連絡をし，かかりつけ医や担当のケアマネジャー等につなぐことができる。

　加えて，地域ケア会議のような個人だけでなく地域の課題を考えるような会議に参加した場合，ボランティアとして関わっている対象者や地域に関する情報提供をすることで，専門職だけでは把握することのできなかった様子なども知ることができる。

3　地域課題を話し合う場づくり

（1）「本当の困り事」をみつけるには

　地域課題を話し合う場に参加する機会を得た場合，今後地域で取り組むべき課題を明確にし，具体的に行動していかなければならない。昨今では，会議の進め方に特化したノウハウも広がっているが，現状の共有にとどまったり，解決すべき課題を議論するに至らなかったりするケースも散見される。会議で事務局や司会をしなければならない場合は，本音を出し合える「場づくり」が重要となる。会議が始まる前に出席者に会議の趣旨や目的を十分に伝えるといった事前準備も必要であるが，何よりも会議当日の課題の検討や整理をすることが必要となる。

　参加者に対して，「地域の困り事は何ですか？」とストレートに尋ねた場合に留意しなければならないことがある。それは，回答者が「自分が感じている地域課題ではなく，質問者が期待しているであろう地域課題」を話している可能性である。特に司会を務める者は，公的な機関の者やボランティア団体でも役職等についている者の場合は，自分の権威性を自覚しながら丁寧に進行する必要がある。また，参加者自身も自分のなかのイメージで話してしまうことがあるため，適宜問いを投げかけながら整理していかなければ，地域として取り組むことが必要な課題にたどりつくことはできない。

（2）課題を明確にするファシリテーション技法

　以下では，認定 NPO 法人ムラのミライが提唱しているメタファシリテーションの技法を参考にして，課題を明確化するのに有用な技法について取り上げる。中田豊一は，質問を3つのタイプに分けることができるとしている[2]。表8-1は，質問の例示と尋ねている内容を記載したものである。この①から③までの問いのなかで，事実を尋ねているものは③であるが，「いつも」や「普段」といった「意見」としての情報を事実として捉えると，現実との差が生まれやすい。司会をする際は自分がどのような目的で何の情報を得ようとしているのか意識しておくとよい。また，メタファシリテーションでは，いわゆる「5W1H」のなかで，「How（どう）」と「Why（なぜ）」は意見を尋ねるときに使う疑問詞であることから，それらを除いた「What（何）」「When（いつ）」「Where（どこ）」「Who（誰）」を使って事実を尋ねるようにしている[3]。

　たとえば，「この地域では買い物に困っている人が多い」という意見が出た場合は「最近，買い物で困っている事案があったのはいつか？」「何が買えなくて困っているか？」などと問いかける。参加者の声から，近所にあったスーパーマーケットが数か月前に閉店となり，食料品の購入が困難な状況であったことが明らかになった場合，ボランティア活動としては買い物の付き添いや移動支援のボランティアの企画が生まれたり，政策レベルでは地域住民を対象とした実態調査の実施や閉店したスーパーマーケットの代わりとなるお店の誘致や宅配サービスの開発につなげたりすることができる。このようなファシリ

表 8-1　質問の例示

```
①　朝食は何が好きですか？　→　感情／情緒
②　朝食はいつも何を食べますか？　→　意見
③　今日，朝食は何を食べましたか？　→　事実
```

出所：中田豊一（2015）『対話型ファシリテーションの手ほどき
　　　——国際協力から日々の日常生活まで，人間関係をより良い
　　　ものにするための方法論』ムラのミライ，26頁より一部筆者
　　　改変。

テーション技法を駆使することによって，非専門職も含めた全員で問題を共有
しながら分析することができ，解決の糸口を摑むことができると考えられる。

注

⑴　ボランティアセンター支援機構おおさか編（2019）『ボランティア・市民活動実
　　践論』ミネルヴァ書房，182頁。
⑵　中田豊一（2015）『対話型ファシリテーションの手ほどき——国際協力から日々
　　の日常生活まで，人間関係をより良いものにするための方法論』ムラのミライ。
⑶　特に「Why（なぜ）」という質問を投げかける場合は，質問者と回答者の関係性
　　によっては回答者は責められているような印象を抱く可能性があるため，十分な信
　　頼関係を築いておく必要がある。

参考文献

大阪ボランティア協会編（2017）『テキスト市民活動論（第 2 版）』大阪ボランティア
　協会。
厚生労働省「地域包括ケアシステム」（https://www.mhlw.go.jp/stf/seisakunitsuite/
　bunya/hukushi_kaigo/kaigo_koureisha/chiiki-houkatsu/　2023年 3 月30日閲覧）。
厚生労働省「『地域共生社会』の実現に向けた包括的な支援体制の整備等について」
　（https://www.mhlw.go.jp/topics/2018/01/dl/tp0115-s01-01-04.pdf　2023年 3 月30
　日閲覧）。
柴田謙治・原田正樹・名賀亨編（2010）『ボランティア論——「広がり」から「深ま
　り」へ』みらい。
中田豊一（2015）『対話型ファシリテーションの手ほどき——国際協力から日々の日
　常生活まで，人間関係をより良いものにするための方法論』ムラのミライ。
日本社会福祉士会編（2018）『地域共生社会に向けたソーシャルワーク——社会福祉
　士による実践事例から』中央法規出版。

和田信明・中田豊一（2010）『途上国の人々との話し方——国際協力メタファシリ
　テーションの手法』みずのわ出版。

学習課題

　あなたが地域の課題を考える会議の司会をするとしたら，会議当日までにどのよう
な準備をするか，また会議当日はどのような配慮をするか考えてみよう（専門職も非
専門職も参加する会議を前提とする）。

第Ⅲ部

ボランティア活動の実践

第 ⑨ 章

子どもと子育て世代に対する
ボランティア活動

　「一人の子どもを育てるには一つの村がいる」というアフリカのことわざがある。子どもが健やかに育つためには，親だけでなく社会の様々な人々が子どもの育ちに関わる必要があるということである。子どもは多くの人から愛される経験を通して「社会は良いものである，私は愛される存在である」と実感し，他者と自分自身を認められる大人に成長する。本章では，子どもと子育て世代を支援の対象とする，自治体等が枠組みを設定して行うボランティア活動と，市民や民間団体の発信を行政が支援するボランティア活動を紹介する。

1　地域の子ども家庭支援事業を支えるボランティア

（1）地域の子どもと子育て世代を支える仕組み

　近年では核家族化が進み，祖父母が遠方にいる，現役で働いているなどの理由で親族から子育ての手助けが得られない場合も多い。血縁や地縁のない土地で周囲に子育ての不安や悩みを話せる相手がみつからず孤立する親子もいる。孤立した子育ては親の負担が大きく，ストレスも高くなりやすい。今日的な課題として，「大変そうなお母さんをみると何か手伝いたいけれど余計なお世話になってもいけない」「近所の子どもに関わりたいが，知らない人と話してはいけないと親から教えられている。話しかけて怖い思いをさせてしまうかもしれない」と，親子に関わりたくても躊躇するとの声もある。このような状況においての親の子育ての負担の大きさは広く知られるようになり，これまで様々な対策が講じられている。2015（平成27）年度にスタートした「子ども・子育

て支援新制度」においても，市町村が実施主体となり，すべての子どもと家庭
を対象とする「地域子ども・子育て支援事業」が展開されている。これらの事
業のなかには，「子どもと触れ合いたい」「子育てを手伝いたい」という意欲の
ある地域住民と子育ての手助けを必要とする家庭を結び，地域住民がボラン
ティアとして地域の子育て家庭を支える取り組みがある。自治体等が支援の枠
組みを作り事業化する場合と，民間団体のボランティア活動に対して自治体が
活動場所の提供，ボランティアの募集や活動の広報などを支援する場合がある。
行政の支援により，手助けを必要とする家庭とボランティアの意欲がある人の
両者の懸念や不安が軽減され，また地域の実情に応じたボランティア活動の継
続的で安定的な運営が期待できる。[2]

（2）地域の子育て支援事業を支えるボランティア活動

　全国的に広く実施され，2021（令和3）年度には971の市町村が事業化してい
るファミリー・サポート・センターの活動を紹介する。「子ども・子育て支援
新制度」の事業のひとつで，市町村が支援の枠組みを設定し，子育ての手助け
をしたい人と子育ての援助を必要とする人が会員になり，地域の子育てに関す
る相互援助活動の促進を目的とする取り組みである。市町村または市町村から
委託を受けた法人が，会員の募集と登録管理，支援活動に必要な知識を習得す
るための研修会の実施，会員のマッチングなどを行う。子育ての援助をしたい
市民は提供会員，援助を受けたい市民は依頼会員となり，コーディネーターが
提供会員の希望する支援内容と，依頼会員から援助を受けたい内容を聞き取り，
双方の希望に沿って会員間のマッチングを行う（図9-1）。コーディネーター
は必要に応じて支援内容の調整を行い，他の機関とも連絡をとり，援助を受け
る側と提供する側の両者が安全に安心して活動できるようサポートをする。提
供会員の要件は，市町村によって18歳以上とされていたり，20歳以上の健康な
市民であれば特に資格は必要ないなどとされており，必要な研修を受講した後
に活動を始めることができる。有償のボランティアとして，交通費などの実費
と1時間600円程度の報酬を受ける。主な支援内容は，保育施設への送迎，保
育施設の時間外や学校の放課後の預かり，保護者の病気や冠婚葬祭，買い物等

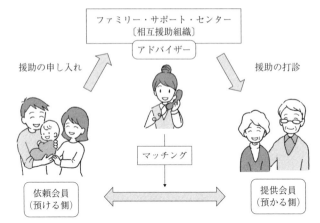

図9-1　子育て援助活動支援事業（ファミリー・サポート・センター事業）
出所：厚生労働省「ファミリー・サポート・センターのご案内」（https://www.mhlw.
go.jp/content/000683335.pdf　2023年1月19日閲覧）より。

の外出の際の子どもの預かり，さらに地域によって病気または病後の子どもの預かり，早朝・夜間の預かりなどである。市町村ごとに決められている支援内容の範囲内で活動を行う。[3]

　提供会員は40〜60歳台が7割，依頼会員は30〜40歳台が9割を占めている。会員のなかには，提供会員の活動と依頼会員の利用の両方に登録する会員もいる。提供会員，依頼会員ともにほぼ女性が占めていて男性の会員は少ないが，夫婦で提供会員となって活動している例もある。依頼会員にとっては「保育所のお迎えに間に合わないときも安心して仕事ができる」「祖父母が遠方なため，近所におばあちゃんがいるようで心強い」「子どもが懐いていて依頼日でなくても提供会員さんの家に遊びに行きたがる」など，身近な地域での提供会員とのつながりが親子の安心につながっている。提供会員にとっては「子育てをサポートしていることに生きがいを感じる」「子どもの成長がみられてサポートの日が楽しみ。子どもの笑顔が元気の源」と，地域の子どもと触れ合い子どもの成長を感じ，子育て世代に貢献している実感を得られることに活動の意義を感じている。援助する側にとっても援助を受ける側にとっても地域の縁を結ぶ機会となるボランティア活動である。[4]

2　民間団体等による活動を支えるボランティア

（1）子育て初期の親を支えるボランティア活動

　「ホームスタート」は，民間団体が運営する，乳幼児の子育て家庭を対象とする子育て経験者によるフレンドリーでボランタリーな家庭訪問型の子育て支援である。1973年にイギリスで始まり，世界22か国，日本でも2021（令和3）年3月現在，29都道府県110地域に活動が拡がっている。「全ての親が子どもによりよき人生のスタートを提供できるよう，そのために必要な支援を得ることができる社会」を目指した活動である。地域に必要な子育て支援事業として，自治体と「協働」で地域の子育て家庭を支える。ボランティア希望者は，ホームスタート事業者が実施する8日間のべ40時間の「ホームビジター養成講座」を受講した後，「ホームビジター」として登録する。ホームビジターは依頼のあった妊婦，未就学児のいる家庭を週1回2時間4回程度訪問し，妊婦や親に寄り添い，「傾聴」（親の気持ちを受け止めて話を聴くこと）と「協働」（親と一緒に家事や育児，外出などをすること）により親の子育ての孤立感や不安感の軽減に努める。利用は無料で，ボランティアの活動は交通費のほかは無報酬である。運営主体には経験豊かな「オーガナイザー」が置かれ，訪問活動のマネジメント，ホームビジター養成，ホームビジターと子育て家庭の調整を行う。利用した親は「実家に頼れなくてとても不安だったけれど，ビジターさんに来てもらえて救われました」「今まではイライラした気持ちを子どもへぶつけてしまっていました。先輩ママのおかげで，穏やかな気持ちで子どもと接するようになりました」とホームビジターの訪問が気持ちの安定につながっている。ホームビジターは「訪問をお母さんも子どもも楽しみにしていてくれてそのことがとても嬉しかった」「訪問後うちに帰ると，家族にも優しくなれたり，自分にとってもいい時間が過ごせる活動ですね」「ビジターとしての新しい仲間との出会いもあり，新しいつながりに喜びを感じます」と，親子の役に立っている実感がやりがいになり，活動を通して得られる新たな出会いに喜びを感じている。⁽⁵⁾⁽⁶⁾

（2）子どもを支えるボランティア活動

　「こども食堂」は，市民から始まったボランティア活動で，子どもが一人で
も行ける無料または低額の食堂である。「子どもの貧困対策」と「地域の交流
拠点」の２つが活動の柱で，2022（令和４）年には全国で約7400か所に拡がっ
ている。東京の八百屋の店主が，貧困や親の多忙から満足に食事をしていない
子どもたちのために，店の一角に食事ができるスペースを設け，子どもだけで
なく大人も利用できる場所という意味を込めて「こども食堂」と名づけたのが
始まりとされている。月１，２回程度，定期的に開催される場合が多く，開催
日は，寄付された食材や寄付金で購入した食材をボランティアのスタッフが調
理し，子どもや地域住民が集って食事をする。子どもと保護者のみを対象とす
る会と，高齢者や障がい者も対象とする会もある。また，食事を提供するだけ
でなく，子どもが楽しめる簡単なイベントを催す，宿題をする時間を設けてい
るなど，会により特色がある。参加者の子どもからは，「かき氷を作って食べ
たのが楽しかった。お兄さんもたくさんいて，また一緒に遊びたいな」「美味
しいご飯を皆でワイワイ食べるのがとても楽しいです。小さい子と遊べるのも
楽しいことのひとつです。私はこども食堂が大好きです」などの感想があり，
食事を共にしながら人とつながる機会となっている。ボランティアの担い手は，
授業などで活動を知って参加するようになった大学生からリタイア後の世代ま
で幅広く，運営主体も個人，NPO 法人，地域のボランティア団体，企業など
様々である。NPO 法人全国こども食堂支援センター理事長の湯浅誠は，子ど
もの貧困対策や多世代交流などの多様な課題に応えられる場としての役割が国
民の共感を得たと分析している。子ども，高齢者，障がい者といった縦割にな
りがちな活動でなく，「食事を共にすること」を軸に，地域性やそれぞれの問
題意識から柔軟に活動を組み立てられることにより，主体的な活動姿勢が維持
されると考えられる。⁽⁷⁾⁽⁸⁾

3　障がいのある子どもと家庭を支えるボランティア

（1）当事者の発信から始まったボランティア活動

　東京都小平市で活動している障がいのある子どもをもつ親の自助グループ「ままらっこ」を紹介する。2006（平成18）年に小平市子ども家庭支援センター⁽⁹⁾（以下，センターとする）を利用していた肢体不自由児の親の「障がいのある子どもの親の自助グループがあれば」との声から４名の肢体不自由児の親が集まり，センターがバックアップをして活動が始まった。障がい児とその家族を地域で共に生きる仲間として受け入れ，障がいの種類を問わず，子育て初期の親に寄り添うことを目的とする。会の名称である「ままらっこ」は，障がい児の親は子どもを抱く場面が多いことから，お腹に子どもをのせて養育する「らっこ」の母をイメージして名づけられた。主な活動はフリートークの会の開催で，センターの多目的ルームを使って月に数回実施している。子どもの発達に心配のある親と障がい児を育てる親を広く迎え入れ，様々な思いや悩みを傾聴し，地域に密着した情報を伝え合う。会を運営する当事者の親をスタッフと呼び，スタッフは参加者への連絡調整と，会の開催時は居心地の良い場となるように気を配り参加者とのつながりを深める。立ち上げから関わるスタッフと，当初は参加者だった親もスタッフとなって活動が継続している。センターと連携し，センターは活動場所の提供と，月のおたよりでの会の紹介と開催日時の周知，参加希望の親の受付窓口を担う。

　障がいの種類を問わないことについて，代表を務めるスタッフは「障がいが違ったらわかり合えないと思われるかもしれませんが，実は障がいが同じでも悩みがまったく同じということはありません。少しずつ違います。だからこそ，違いに目を向けるのではなく，共有できることを大切にしたいと思っています」と語る。スタッフが活動している理由を，会を立ち上げたスタッフは「同じ思いをしている人とつながりたい，自分が得られなかった場を作りたい」，参加者であったスタッフは「つらいときに支えられた。スタッフとなってお返しをしたい」から，「子どものスモールステップの成長を共に喜び合える場で

写真9-1　ままらっこの活動の様子（筆者撮影）

あることが何よりの喜び」となっている。「子どもに障がいがあるとわかったとき，最初から強い母親はいません。『つらいよね』と言ってくれる人との出会いや，他の多くの人の支えがあって，少しずつたくましい母親になっていくのだと思います」と言われるように，参加者の親が心の内を語り，変化するプロセスに寄り添う。「仲間作りの場であり，誰かの力になりたいという思いが，私たちを元気づけてくれていて，お役に立てているという実感が私たちに自信を与えてくれている。参加してくださっている皆さんのおかげで，私たちスタッフも前向きに元気になれる」と，スタッフ自身も参加者から得るものがあり，活動を継続する力となっている。参加者にとっては「やっと本音で悩みを打ち明けることができる場所ができた」「前向きになれてほっとできる場」と，支えられる安心感とともに，「今度は微力ではありますが私が誰かのお力になれればいいなと思ったりもしています」と支えられる側から支える側となっていく心の変化がみられる。ままらっこは，活動を通して当事者であるスタッフと参加者が共に育ち合う場であり，参加者が支えられる側から支える側になる循環のある活動となっている。(10)(11)

（2）発達障害のある子どもの親を支える当事者によるボランティア活動

　ペアレントメンター（以下，メンターとする）とは，「発達障害者の子育て経験のある親であって，その経験を活かし，子どもが発達障害の診断を受けて間もない親などに対して相談や助言を行う人のこと」である。2010（平成22）年，厚生労働省がメンター養成を「発達障害者支援体制整備事業」として位置づけたことが契機となり，2018（平成30）年「発達障害児者及び家族等支援事業」

が新たに創設され，都道府県に加えて市町村もメンター養成が可能となった。地域で実施する養成研修を受講した後にメンターとして活動を開始する。研修の内容は，メンターの役割と倫理，発達障害に関する基礎知識，家族支援，地域活動，相談の基礎技術などの講義と，個別相談，グループ相談のロールプレイである。活動内容は，個別に話を聴く，グループで茶話会（メンターカフェ）を開催する，サポートブックを作成する等である。活動はコーディネーターがサポートする。コーディネーターは発達障害者支援センター[12]や地域の NPO 法人の職員などで，活動の調整や外部機関との連携などを行い事務局の役割も担う。メンターは活動を通して親の気持ちを傾聴し自身の子育ての経験や地域の情報を伝える。メンターが関わった親からは「気持ちが少し整理できた」「先輩の話を聞いて今後のイメージができた」「一人ではないことがわかった」などの声があり，発達障害児の親として少し先を行くメンターとの出会いにより孤立感が軽減して前向きになれる。[13][14][15]

　東京都小平市では，児童発達支援センター[16]こだいらが東京都のメンター派遣制度を活用して，発達障害児の親が集う「親カフェ・ふらっと with メンター」を月に1回開催している。「ふらっと寄れてフラットな関係性」をコンセプトに，コーディネーターがファシリテーターとなり，参加者の親の悩みや困り事を傾聴し，同じような経験をしたメンターも自身の経験からつらかった気持ちや嬉しかった出来事を語るフリートークの会である。

　さらに，発達支援を目的として市内で活動する NPO 法人こども

図9-2　親カフェ・ふらっと with メンター

写真 9-2　ペアレント・プログラムの様子（筆者撮影）

未来ラボ（以下，未来ラボとする）の職員がコーディネーターとして関係機関の橋渡しをしている。特色のある取り組みとして，未来ラボと児童発達支援センターこだいらとの共催で，親と保育者や療育施設，学校関係などの支援者が共に学ぶペアレント・プログラムを開催している。未来ラボのスタッフはグループワークの進行を行い，親同士，親と支援者をつなげる働きかけをする。プログラム終了後もフォローが必要な参加者に対して，個別に話を聴いて「親カフェ」に誘うなど，親をコミュニティの仲間として受け入れてサポートをする。活動について，コーディネーターを担うメンターにインタビューを行った。「保護者の尽きない悩みや困り事を傾聴し，メンター自身の経験談や内面に積み上げてきたことを話し，保護者から，安心できた，話を聞いてもらえて嬉しかった，またいろいろな情報や経験を教えてほしいと言ってもらえると，自分のつらかった経験が役に立ったと実感をもつことができる」「話を聴き体験を語ることでメンター自身の過去のつらい出来事が意味ある体験として"上書き保存"される」と語る。さらに「メンターになったという平面的な出来事が，活動を通じて立体的になっていく」と感じているとのことである。活動を通して他者と出会い，経験が役に立ち，経験を捉え直して変容する自己を実感することが活動継続のモチベーションとなり，「メンター活動からすごいご褒美が

もらえる」と感じている。⁽¹⁷⁾⁽¹⁸⁾

注

(1)　ヒラリー・ロダム・クリントン（文）／マーラ・フレイジー（絵）／落合恵子
　　（訳）（2018）『村じゅうみんなで』徳間書店，1〜32頁。

(2)　内閣府「子ども・子育て支援新制度」（https://www8.cao.go.jp/shoushi/shinsei
　　do/index.html　2023年2月18日閲覧）。

(3)　厚生労働省「ファミリー・サポート・センターのご案内」（https://www.mhlw.
　　go.jp/content/000683335.pdf　2023年1月19日閲覧）。

(4)　女性労働協会（2021）「令和2年度　全国ファミリー・サポート・センター活動
　　実態」（https://www.jaaww.or.jp/securewp/wp-content/uploads/2022/07/report_
　　family_support_reiwa2.pdf　2023年1月19日閲覧）。

(5)　ホームスタート・ジャパン「地域の力で子育ての孤立を解消する家庭訪問型子育
　　て支援・ホームスタート」（https://www.mhlw.go.jp/content/11920000/000793816.
　　pdf　2023年2月1日閲覧）。

(6)　加須市「ホームスタート・かぞ」（https://www.city.kazo.lg.jp/material/files/
　　group/24/88088699.pdf　2023年2月1日閲覧）。

(7)　全国こども食堂支援センター・むすびえホームページ（https://musubie.org/
　　2023年2月1日閲覧）。

(8)　厚生労働省「子ども食堂応援企画」（https://www.mhlw.go.jp/stf/houdou_kou
　　hou/kouhou_shuppan/magazine/202010_00002.html　2023年2月1日閲覧）。

(9)　子供（子ども）家庭支援センターは，東京都の区市町村に設置されている，子ど
　　もと家庭の問題に関する総合相談窓口。18歳未満の子どもや子育て家庭のあらゆる
　　相談に応じ，宿泊を伴う預かりや一時預かりなど在宅サービスの提供，児童虐待に
　　関する相談援助，サークル支援やボランティアの育成等を行っている。

(10)　小平市子ども家庭支援センターホームページ（https://fukushi.unchusha.
　　com/kodomokatei_kodaira/toppage.html　2023年2月15日閲覧）。

(11)　ままらっこ＆小平市子ども家庭支援センター（2016）『ままらっこ10周年のしお
　　り』。

(12)　発達障害支援センターは，発達障害児（者）への支援を総合的に行うことを目的
　　とした専門的機関。発達障害児（者）とその家族が豊かな地域生活を送れるように，
　　保健，医療，福祉，教育，労働などの関係機関と連携し，地域における総合的な支
　　援ネットワークを構築しながら，発達障害児（者）とその家族からの様々な相談に
　　応じ，指導と助言を行っている。

⒀　厚生労働省「発達障害者支援施策の概要」(https://www.mhlw.go.jp/bunya/ shougaihoken/hattatsu/gaiyo.html　2023年 2 月15日閲覧)。

⒁　原口英之・小倉正義・山口穂菜美・井上雅彦 (2020)「都道府県・政令指定都市におけるペアレントメンターの養成及び活動に関する実態調査」『自閉症スペクトラム研究』17(2)，51〜58頁。

⒂　日本ペアレント・メンター研究会「ペアレント・メンターとは」(https:// parentmentor.jp/parent-mentor　2023年 2 月15日閲覧)。

⒃　児童発達支援センター（福祉型）は，身体，知的または精神に障害をもつ未就学の子どもに対する通所訓練施設。日常生活の基本的な動作や知識，技能の習得，集団生活への適応訓練，その他の必要な支援を行う。利用者や家族からの相談などにも対応する。

⒄　児童発達支援センターこだいら（小平市社会福祉協議会ホームページ）(https:// www.syakaifukushi.kodaira.tokyo.jp/　2023年 2 月15日閲覧)。

⒅　NPO 法人こども未来ラボホームページ (https://mirailabo.org/　2023年 2 月15日閲覧)。

学習課題

　あなたの住む地域で，子どもと子育て世代を対象とする，どのようなボランティア活動があるかを調べ，活動内容，対象者，活動の担い手などをまとめ，そのうえで気づいたことを述べてみよう。

第10章

障がいのある人や高齢者等の様々な人に
対するボランティア活動

　障がいのある人や高齢者等が住み慣れた地域で暮らし最期を迎えることは，本人にとって望むことであろう。しかし，様々な障がいがあることにより生活のしづらさが出てくる。さらに，家族の負担も増えてくる。そのような悪循環から家族内にいろいろな問題が出てくる。そうした場合に，本人，家族にとっての逃げ道の確保に資する情報提供や相談相手，専門職とつなぐ役割を担う存在がそばにいることの意義は大きい。専門職もその部分は担っているものの，手の届かない範囲が出てくる。その際の受け皿としてボランティアの存在がある。意味のあるボランティア活動には，参加前の情報収集や事前学習により課題をみつけ，そこにあわせた実践がとても重要といえるため，本章ではそのことも意識してほしい。

1　障がいのある人に対するボランティア

（1）障がいのある人に対するボランティア活動とは

　内閣府の2022（令和4）年度の『障害者白書』参考資料によると，身体障害，知的障害，精神障害の3区分における障がい者数の概数は，身体障害児・者が436万人，知的障害児・者が109万4000人，精神障害者が419万3000人となっている。それらの者は，地域で暮らす際に様々な支援を必要とする。「全国ボランティア活動実態調査報告書」（2010年）によると，ボランティア活動の現状として，活動の分野で「障がい者の福祉活動」（33.4％）は全体の2番目に多い結果となっている。地域で暮らす障がい者のニーズに応えるためにボランティア

がその一翼を担っているのである。

　視覚障害者においては，視覚的情報に障がいがあることから，点訳ボランティア，音訳ボランティア，貸出協力ボランティア等の存在が必要となる。点訳ボランティアとは，活字で書かれている雑誌，新聞等を点字にして伝えることである。そして，音訳ボランティアとは，活字で書かれている雑誌，新聞等を音声にして伝えることである。また，貸出協力ボランティアとは，視覚障害者のために，点字図書館にある本や雑誌の発送・整理を行うことである。⁽³⁾

　さらに，聴覚障害者においては買い物の付き添いや散歩の同行といった外出のお手伝い，居室のシーツ交換のお手伝い，話し相手になるお話ボランティア（手話も含む），作業所での作業や食事支援などをする日常の支援，軽作業の支援などを行っている。ほかにも聴覚障害者はコミュニケーションの手段として手話でのコミュニケーションを図ることもあることから，手話のボランティアがある。具体的には通訳，情報交換，手話技術研修といった内容である。

　障がいのある人が施設に入所している場合，障害者の日常生活及び社会生活を総合的に支援するための法律（障害者総合支援法）に規定されている障害者支援施設といった入所施設のなかで，地域住民や福祉を学ぶ学生等がボランティアとして支援する場合がある。具体的には身体障害者の場合，自力でできないことがあることからボランティアがコミュニケーションを図りながら食事介助，着脱介助，排せつ介助，身の回りの介助等をする。

（2）障がいのある人に対するボランティア活動から得られる学び

　ボランティアをする際には何も事前学習をせずに行うわけにはいかない。そこには表10-1のような学習方法を活用した，表10-2のような事前学習が重要となる。これは障がいのある人へのボランティアに限ったことではなく，すべてのボランティアに共通するということを念頭に置いてほしい。

　事前学習をすると，事前に知り得た情報をもとに実践に入ることができる。そのため，事前情報と実際との違いを理解でき，次の実践活動につなげることができる。また，障がいのある人を対象とする場合，どのような障がいがあるのかによって対応方法が変わる。たとえば，聴覚障害者を対象としたボラン

表 10 - 1　事前学習の方法

①　書籍・文献・資料等で情報収集する
②　経験をした人たちの話を聞く
③　ボランティアセンターへ相談する
④　ボランティア体験会へ参加する
⑤　既存のグループに参加（見学・体験）する

出所：中嶋充洋（1999）『ボランティア論』中央法規出版
　　　を参考に筆者作成。

表 10 - 2　事前学習すべき内容

①　ボランティア活動の性格・役割
②　実践で心がけること
③　課題選択のための活動内容
④　ボランティア活動先について
⑤　ボランティアグループについて
⑥　グループの作り方　など

出所：表10 - 1 と同じ。

ティアで，コミュニケーション方法が手話だった場合，事前情報をもっていないと，手話の練習をせずにボランティアに行ってしまうこともあり得る。その場合，対象者とのコミュニケーションはできずに終わる。逆に，事前情報をもとに手話を習得し参加した場合，コミュニケーションを図ることができる。前者と後者で得られる学びは変わってくる。それを表しているのが社会福祉法人全国社会福祉協議会の「ボランティア活動で得られたこと」に関する調査結果[4]である。そこで最も多い意見として挙がっていたのが「多くの仲間ができた」である。手話の練習のような事前学習をしない者が仲間をつくることは難しいのではないだろうか。また，その他多数意見のなかに「自分が社会や他の人の役に立っていることを実感できた」「人との接し方や，人間関係がより円滑になった」「ボランティア活動が必要不可欠なものであることを実感した」「自分が社会や他の人に役立っていることを実感できた」とある。それらは，高い志をもち事前学習をしていないと得られないことであることはいうまでもない。事前準備の違いから学びのスタート地点は変わってくることを理解しておく必要がある。さらに，障がいについて理解せずにボランティアに参加しても，ただ対象者の精神的ストレスとなる，さらには対象者のけがを引き起こすといっ

たりリスクが高まることも考えなければならない。ボランティアに臨むにあたっては，そうした姿勢をもつことが大切なのである。

2　高齢者に対するボランティア

（1）高齢者に対するボランティア活動とは

　高齢者においても障がいのある人と同様に支援を必要とすることから，ボランティアの活躍が重要である。「全国ボランティア活動実態調査報告書」によると，活動の分野において最も多いのが「高齢者の福祉活動」（44.1%）となっている。わが国の高齢化率の推移は表10-3の通りである。総人口が減少しているのに対して65歳以上の人口は増加しているのがわが国の人口の推移の特徴のひとつといえる。

　介護老人福祉施設や認知症対応型共同生活介護（グループホーム），通所介護事業所（デイサービスセンター）を利用している高齢者に対してボランティアをする場合，社会福祉士や精神保健福祉士，介護福祉士を目指して福祉を学んでいる学生が学校などのサークル活動や授業の一環として参加する方法がある。その場合，学生の所属する教育機関の活動費を活用し実施する場合がほとんどである。実施内容は主に現場実習で体験する内容と類似しており，コミュニケーションを主として食事の配膳や，洗濯物を高齢者と一緒に畳む，レクリエーションへの参加（写真10-1）などがある。ほかにも介護保険施設や通所介護事業所（デイサービスセンター）などでレクリエーションの時間を使って日本舞踊や歌などといった芸を披露するといったボランティア活動もある。

　ほかにも，地域に暮らしている高齢者や障がいのある人に対するボランティアがある。そのひとつに民生委員がある。民生委員は3年の任期（再任も可能）をもとに地域福祉の向上に努めている。民生委員は都道府県知事の推薦によって，厚生労働大臣がこれを委嘱する。民生委員は民生委員法の第10条に規定されているように給与を支給しない。これがボランティアといわれる所以である「無償性」である。民生委員の職務は表10-4の通りである。

　具体的には，配食サービスの協力や声かけ，安否確認による実態やニーズ把

表 10 - 3　高齢化率と65歳以上人口および総人口の推移

	2019（令和元）年	2020（令和2）年	2021（令和3）年
総人口	1億2,617万人	1億2,571万人	1億2,550万人
65歳以上人口	3,589万人	3,619万人	3,621万人
高齢化率	28.4%	28.8%	28.9%

出所：内閣府『高齢社会白書』令和2～4年度版のデータを参考に筆者作成。各年10月
　　　1日時点（確定値）。

写真 10 - 1　通所介護事業所（デイサービスセンター）でのボランティアの様子
筆者の勤務先の学生と熊本県八代市にある株式会社シラサギの利用者とスタッフ。

表 10 - 4　民生委員の職務について

①　住民の生活状態を必要に応じ適切に把握しておくこと。
②　援助を必要とする者がその有する能力に応じ自立した日常生活を営むことができるように生活に関する相談に応じ，助言その他の援助を行うこと。
③　援助を必要とする者が福祉サービスを適切に利用するために必要な情報の提供その他の援助を行うこと。
④　社会福祉を目的とする事業を経営する者又は社会福祉に関する活動を行う者と密接に連携し，その事業又は活動を支援すること。
⑤　社会福祉法に定める福祉に関する事務所その他の関係行政機関の業務に協力すること。

出所：民生委員法第14条をもとに筆者作成。

握（社会調査），相談がある在宅に住む高齢者の相談相手として話を聞く（相談），
家族介護者へ介護保険制度，障害者総合支援法等に規定されているサービスに
関する情報を提供する（情報提供），本人または家族の申し出により窓口へサー
ビス利用に向けた連絡対応を行う（連絡通報），介護保険のサービスにない通院，
送迎のニーズに応えられるように社会福祉協議会の事業所等に調整をする（調

整），家族の留守中の見守りとボランティアグループとの連携を図る（生活支援），訪問活動で得られた在宅介護者の実態と問題点をとりまとめて家族が安心して暮らせるよう行政，社会福祉協議会等に協力を求める意見を市町村へ提起する（意見具申）といったことがある。⁽⁷⁾

　民生委員の役割は，あくまで地域と専門機関とのつなぎ役である。そこで，専門機関につなぐためには高齢者の身体状況や通院歴，家族等に関する情報収集の必要性がどうしても出てくる。民生委員は民生委員法の規定にもあるように「無償性」という性格が強いこともあり，専門性を求められないと捉えられやすく，そこから様々なリスクにつながっている。実際に，民生委員においては，人助けの延長として捉えるが故の，個人情報保護に関する課題もしばしば見受けられる。具体的には，対象者の隣人と挨拶を交わした際に偶然親戚だったことがわかり，そのままの流れで思わずその隣人に対象者の個人情報を話してしまうといったケースがある。民生委員法第15条にもあるように，民生委員もボランティアとはいえ個人の秘密を守らなくてはならないと規定されていることを頭に入れる必要がある。

（2）高齢者に対するボランティア活動から得られる学び

　人間は生まれたときは赤ちゃんであるが，年をとり最終的には高齢者になる。高齢者の気持ちは当事者にならないとわからない。高齢者との関わりを通して，自身が高齢者になることに対するイメージがついて勉強になると同時に，高齢者が地域で暮らすことについて考える機会をもらえる。全国社会福祉協議会の調査結果⁽⁸⁾にもあるが，ボランティア活動では「新しい知識や技術を習得」でき，「地域社会とのつながりをつくること」もできる。2022（令和4）年版の『高齢社会白書』によると，2019（令和元）年，65歳以上の者のいる世帯数は2558万4000世帯で全世帯の50％近くを占めている。また，そのうち夫婦のみの世帯および単独世帯がそれぞれ約3割を占めており，65歳以上の一人暮らし高齢者は男女ともに増加傾向にある。⁽⁹⁾民生委員をはじめとするボランティアの介入により高齢者が地域とのつながりをもつことが重要といえる。地域とのつながりが大切であることを身をもって知り，さらにつながりを自身がつくることができ

るのは大きい学びといえる。

　高齢者に対するボランティアにもリスクがあることを意識しておく必要がある。高齢者は「年齢を重ねている＝人生経験が豊富」といわれる。しかし，社会性が富んでいることにより，かえって遠慮をされる人も多くみられる。たとえば，施設に入所している高齢者でいえば，生活の場であるのにスタッフに「生活においてご希望はないですか」と聞かれて「何もないです。今の生活に満足しています。みなさまのおかげです」と言う。それは本心なのか迷惑をかけたくないことからの遠慮なのか，不明なことがある。そこを表情などといった非言語的な情報から読み取れることが重要である。ボランティアを長期的かつ継続的に行う場合は信頼関係によってそこを解決できるかもしれないが，単発のボランティアでは信頼関係を築く時間的余裕がない。ボランティアに参加する者として，相手を想う気持ちと同時に真摯に向き合うことも意識しておかなくてはならない。そのことを忘れてしまうと，ボランティアの役目をなさないうえに高齢者の身体や心を傷つけることになりかねないのである。

3　その他のボランティア

（1）保護司の活動

　わが国では，犯罪や非行をした者が地域での社会復帰を目指す際，スムーズに社会生活を営めるよう，更生保護が必要となる。それには法務省職員である保護観察官だけの対応では困難なことから，更生保護ボランティアと呼ばれる保護司と協働し，その者たちを支える。保護司とは，保護司法第 1 条に掲げられているように「社会奉仕の精神をもつて，犯罪をした者及び非行のある少年の改善更生を助けるとともに，犯罪の予防のため世論の啓発に努め，もつて地域社会の浄化をはかり，個人及び公共の福祉に寄与することを，その使命とする」。さらに，同法第 3 条（推薦及び委嘱）と第 7 条（任期）に規定している通り法務大臣から委嘱を受け，任期は 2 年（再任可）である。業務内容としては保護観察，生活環境調整，犯罪予防活動がある。具体的には表10－5の通りである。

表10-5　保護司の業務内容

保護観察	犯罪や非行をした人たちと定期的に面接を行い，更生を図るための約束事（遵守事項）を守るよう指導するとともに，生活上の助言や就労の手助け等を行う。
生活環境調整	少年院や刑務所に収容されている人が，釈放後にスムーズに社会復帰できるようにする。具体的には釈放後の帰住予定地の調査，引受人との話し合い等を行い，必要な受け入れ態勢を整備する。
犯罪予防活動	犯罪や非行を未然に防ぎ，罪を犯した人の更生について理解を深めるため，世論の啓発や地域社会の浄化に努める。毎年7月は「社会を明るくする運動強調月間」として，講演会，シンポジウム，ワークショップ，スポーツ大会等数々の活動が展開されている。

出所：全国保護司連盟「保護司とは」（https://www.kouseihogo-net.jp/hogoshi/about.html　2023年2月3日閲覧）より筆者作成。

　保護司は経験年数等によって図10-1のような研修の流れがある。まず，基礎的な知識を身につける新任研修が行われ，その後は経験年数に応じて研修を受講する。研修講師は保護観察官が務め，内容は関係法令，面接方法，報告書の作成方法，事例研究など多岐にわたる。

（2）保護司の活動から得られる学び

　保護司とは，どのような職種の人たちが担っているのか。そもそも保護司になるには保護司法に基づき，表10-6の条件をすべて備えていることが必要とされている。

　すべての条件を満たせば，販売業，農林水産業，製造業，サービス業，土木業，建築業，公務員，宗教家，主婦等といった様々な職種の人が保護司の役割を担うことができる。すなわち，それぞれの分野における経験を，犯罪や非行をした者の心理的な理解や指導等をする際に活かすことができるのである。

　この活動を通してコミュニケーションについて学ぶことができることは大きいといえる。罪を犯した者の社会復帰という場面では，元犯罪者といった良くないイメージがどうしても浮かんでしまうことから社会的になかなか受け入れてもらえないケースもある。そのような複雑なケースに携わることで，罪を犯した者の心理や社会との関わりについて考え，深く理解することができることは学びのひとつといえる。また，社会復帰をするうえで重要なのが保護司とし

特別研修
処遇上特別な配慮を必要とする者の取扱い等に関する専門的な知識及び技術の修得を図り，又は研修の効果を補強する。

地域別定例研修
保護司全員を対象とし，主に保護区ごとに実施する通年の研修で，実務上必要な知識及び技術の全般的な水準向上を図り，又は各地域において当面する問題の解決に資する。

自主研修
各地区保護司会等における自主的な研修。

新任保護司研修
すべての新任保護司を対象とし，保護司の使命，役割，身分その他保護司として必要な知識及び心構えの修得を図る。

処遇基礎力強化研修
新任保護司を対象とし，保護司の職務遂行に必要な事務手続及び処遇の実務の具体的履修，保護司会活動についての理解促進を図る。

指導力強化研修
初めて再任された保護司を対象とし，保護観察等の処遇を行う上で必要な知識及び技術の伸長並びに保護司会活動を行う上で必要な知識及び技術の修得を図り，処遇や保護司会活動等において，中核的役割を担うための指導力を身に付ける。

図 10-1　保護司研修

出所：法務省「保護司ひとくちメモ」(https://www.moj.go.jp/hogo1/kouseihogoshinkou/hogo_hogo04-02.html　2023年2月3日閲覧）より。

表 10-6　保護司になるために必要な条件

・人格及び行動について，社会的信望を有すること
・職務の遂行に必要な熱意及び時間的余裕を有すること
・生活が安定していること
・健康で活動力を有すること

出所：保護司法第3条をもとに筆者作成。

て社会資源をいかに多く把握しているかである。この活動は，保護観察官と保護司だけで取り組むわけではない。社会復帰や非行防止の観点のためには地域にある学校，更生保護施設，更生保護女性会，BBS運動等とも連携し，社会復帰に向けて取り組む。具体的には，学校担当保護司は直接中学校に赴き，非

行問題，薬物問題をテーマにした非行防止教室を開催したり，さらに中学校の教師と子どもの指導方法について協議したりする。それらを通じて，教育方法，さらには地域にある社会資源についても理解を深めることができるといった学びがある。

注

(1)　内閣府（2022）『令和 4 年版　障害者白書』参考資料。

(2)　社会福祉法人全国社会福祉協議会（2010）『全国ボランティア活動実態調査報告書』。

(3)　日本視覚障害者団体連合「点訳・音訳ボランティアを希望する方へ」（http://nichimou.org/volunteer/　2023年 2 月 3 日閲覧）。

(4)　(2)と同じ。

(5)　(2)と同じ。

(6)　社会福祉法人全国社会福祉協議会「民生委員・児童委員」（https://www.shakyo.or.jp/bunya/minsei/index.html　2023年 2 月 3 日閲覧）。

(7)　厚生労働省「民生委員・児童委員に関するQ&A」（https://www.mhlw.go.jp/stf/seisakunitsuite/bunya/0000116286.html　2023年 2 月 3 日閲覧）。

(8)　(2)と同じ。

(9)　内閣府（2022）『令和 4 年版高齢社会白書（全体版)』。

学習課題

　高齢者や障がいのある人が利用している事業所にボランティアとして参加してみよう（参加する前には情報収集などといった事前学習をすること）。経験した後に，以下の内容についてノートにまとめてみよう。

① 事前学習は何をしたのか。
② 何を目的とする場所でボランティアをしたのか。
③ ボランティアとしてどのような専門職と関わったのか。
④ あなた自身はボランティアとしてどのような業務内容を経験したのか。
⑤ ボランティアとしてどのような役割を担っていたのか。
⑥ 経験して得られたことは何か。

第11章

災害時のボランティア活動

　大規模な地震などの災害が起きた後に，被災地に駆けつけてボランティア活動をする人たちの姿を報道でみる機会も多い。被災地や被災した人たちの様子に，「居ても立っても居られない」「何かしたい」という気持ちになることもあるだろう。実際に被災地に出向かなくとも，募金や寄付という形での支援もある。

　本章では，災害時のボランティア活動というテーマを取り上げて，過去の災害時の活動などから，活動をするにあたって考えるべきことを探ってみたい。災害はいつでもどこでも起き，私たちの身に降りかかる可能性がある。災害時のボランティア活動を考えていくことは，実は，私たち自身の生活や地域を考えることにもつながるのである。

1　災害とは何か

（1）様々な災害

　災害対策基本法には，第2条に災害の定義について「暴風，竜巻，豪雨，豪雪，洪水，崖崩れ，土石流，高潮，地震，津波，噴火，地滑りその他の異常な自然現象又は大規模な火事若しくは爆発その他その及ぼす被害の程度においてこれらに類する政令で定める原因により生ずる被害をいう」と記されている。

　災害には，自然災害だけではなく戦争や事故などの人為的なものも含まれており，たとえば，新型コロナウイルス感染症の拡大によって，命や健康，社会生活が脅かされる状況も，災害といっても過言ではない。また，2021年から1

年以上も続いているロシア・ウクライナ危機は，戦争という状況により多くの犠牲者や避難民を生んでいる。

　このように，災害は広域か狭域かは問わずに，ある地域に発生して，そこに暮らす人の日常生活を脅かすし，場合によっては，その人の人生やその地域を壊してしまうこともある。社会福祉の視点からいうと，災害時のボランティア活動をみていくには，そこに暮らす人の「生活」や「まち」「地域」がどのような状況に置かれるのか，さらに，活動の際には人や地域のどんなところを大切にしていくべきなのかなどを考える必要がある。

（2）災害が起きたら困ることは何か

　災害が日常生活に及ぼす影響を考えてみよう。一時的にライフラインが止まっても，復旧が早ければ日常生活を取り戻すことができるかもしれない。しかし，自宅が損壊した場合や，被災した人が高齢や障がいといった生活上の困難を抱えている場合は，サポートを要する期間が長引くおそれもある。図11－1は，災害後に必要となる支援のイメージを示した例である。

　災害発生後から72時間が生命の危機を左右する時間だといわれているが，図でいうところの「初期安全確保・避難・救助」の時期を過ぎてから，災害ボランティアセンター（図では「VC」と表記）などが立ち上がり，ボランティア活動者を受け入れる体制が整うことが多い。これは，活動する人のほうが活動中にけがをするとか生命の危険にさらされることを防ぐためである。

　図をみると，支援活動の対象となるのは，子どもや外国人（在住の人も観光で訪れている人も，被災したら生活上の困難を抱えることが多い）であったり，災害によって生業を絶たれた人や地域の経済・産業に関わる人も含まれていることがわかる。災害時のボランティア活動をみていくと，人への直接的なサポートだけではなく，被災地の産業の活性化のための事業やイベントを支援するといったことも考えられよう。

　このように，生活で困ることを抱える人たちが長期にわたって支援を必要とする可能性が生じるのが災害の特徴であり，災害時のボランティア活動も，たとえば，損壊した家屋の片付けや一時的な避難所での炊き出しや物資の配布な

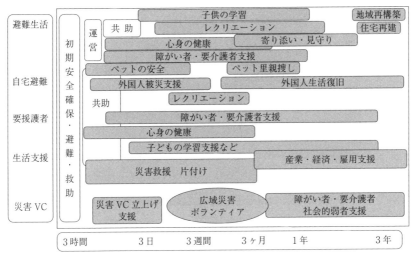

図 11-1 災害後に必要となる支援のイメージ図
出所：災害復興くらし応援・みんなのネットワークかながわ「神奈川県域の三者連携体制について」
（https://minkana.net/work/ 2023年3月1日閲覧）より一部筆者改変。

どといった活動だけに限定されるものではない。災害後のどの時点でどのような対象に関わる支援活動があるのかということを，活動する側は把握しておく必要がある。

2 災害時のボランティア活動の実際

（1）「泥を見ずに人を見る」

　災害時のボランティア活動といったら，どのようなものを思い浮かべるであろうか。損壊した家屋内の清掃や水害などの場合の泥のかき出しの際に使われる資機材のひとつに，写真11-1のようなものがある。

　これは，土木工事の現場などでも使用されることがある一輪車で，「猫車」とも呼ばれ，泥などをこの車に積み集積場所に手で押して運搬する道具である。こうした資機材のなかには，過去の被災地から寄贈されるものも多い。なかには，写真のように，一輪車をひっくり返した際に目にすることができる押手部分の側面に，「泥を見ずに人を見る」と書かれているものもある。このメッ

写真 11 - 1　災害時のボランティア活動で使う資機材（山本克彦撮影）
　この資機材は，2015年に発生した関東・東北豪雨災害の折に，過去の災害（2011年に発生した東日本大震災）の被災地から寄贈されたものである。写真を撮影した山本は，被災地でのボランティア活動にあたり，事前にその土地の地名や方言などを理解していくことも「被災者中心」「地元主体」の原則につながるとしている。
出所：山本克彦編著（2018）『災害ボランティア入門——実践から学ぶ災害ソーシャルワーク』ミネルヴァ書房，46頁。

セージの意味を考えてみてほしい。
　ボランティア活動の目に見えるニーズは，泥のかき出しではある。しかし，活動現場には生活している人たちの存在がある。私たちが「瓦礫（がれき）」と一括りにしてしまいがちなもののなかには，生活者が大切にしてきた物や思い出もあるだろう。
　そのような視点をもつことで，ボランティア活動が清掃や泥のかき出しだけで終わらなかったケースがあった。毎日のように「自宅の清掃に来てほしい」と言ってくる一人暮らしの高齢者のお宅に出向いていた活動者が，もうこれ以上は清掃する場所が家のなかにはないのではないかという状況で感じたことがあった。「このお年寄りの本当のニーズは，清掃ではないのではないか。ひとりでいることの不安なのではないか」。そこで，災害ボランティアセンターを運営する被災地の社会福祉協議会のソーシャルワーカーに自分が感じたことを説明したところ，専門職がお宅を訪問し，その高齢者が地域のお茶飲みサロンに参加することになったのだという。

（2）災害ボランティアセンター

　前述した高齢者の家屋の清掃のボランティア活動であるが，活動者がそのお宅に勝手に出向くのではない。被災した人の「このようなお手伝いをしてほしい」というニーズを把握して，活動したいという人との橋渡しをする必要がある。これが災害時のボランティアコーディネートである。

　被災地には，主に地元の社会福祉協議会が中心となって，ニーズキャッチやボランティアコーディネート，また，活動者の安全管理などを行う災害ボランティアセンターが設置されることが多い。

　1995（平成7）年に発生した阪神・淡路大震災は未曾有の大災害であった。全国から駆けつけた多くのボランティア活動者の姿に社会の注目が集まり，後に，この年が「ボランティア元年」とも呼ばれることにもなった。しかし，活動者の思いだけが先走っても，ややもすれば善意の押しつけになってしまう。被災した方々のニーズとうまくマッチングができなければ，被災した人にとっても活動者にとっても意義ある実践にはならない。そこで，災害時のボランティアコーディネートの手法などが整えられるようになっていった。

　災害ボランティアセンターの運営の原則を，園崎秀治は「『被災者中心』『地元主体』『協働(1)』」としている。これは，常に被災した人たちを中心にした活動であるべきであり，被災地にある考え方や姿勢，視点ややり方などを重んじて，被災地で活動する様々な専門職や機関，活動者が協力して動いていくということである。特に，災害時のボランティア活動においては大切にされるべき原則だといえよう。

3　暮らすことを続けるということ

（1）福島第一原発事故と広域避難

　本章ではここまで，災害が起きてから数週の間で求められるようなボランティア活動をみてきた。しかし，被災した人たちや被災地にとって，その生活の再建や地域の復興までは，長い道のりになることもある。図11-2をみてみよう。

　2011（平成23）年3月に発生した東日本大震災では，地震による津波の犠牲

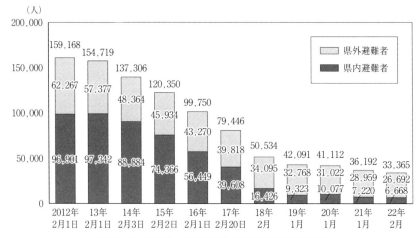

（人）

図 11 - 2　福島第一原発事故後の県内外避難者の推移

注：全体の避難者数には避難先不明者を含むため県内，県外の合計と合わない。
出所：福島民報2022年3月11日ウェブ版「避難生活と社会基盤【震災・原発事故11年】避難者3万3365
　　人　最多時の20%，減少続く」（https://www.minpo.jp/news/moredetail/2022031195166　2023年3
　　月6日閲覧）。

者が多かったが，福島県第一原子力発電所でも事故が生じ，この事故に起因する放射性物質による汚染によって，自宅を出て広域に避難しなければならなくなった人たちがいた。県の内外に避難した人は，11年が経過した2022（令和4）年2月の時点でも3万人を超えている。放射線量の多さから帰還困難とされている区域もあるので，生まれ育った故郷に二度と戻ることができないだろうという人もいる。

　広域避難をした人たちは全国にいるが，避難しているという申し出があった人たちを対象に，福島県と避難先の自治体が協力して，避難者への行政支援に関する情報や故郷である福島県内の様々な様子をお知らせする通信を定期的に発行していることがある。

　震災後5年ほど過ぎたときに，ある関東圏の自治体で通信の封筒詰め作業のボランティア活動をしていた学生が言っていた。「福島の実態を聞いて，災害が起きても生活を続けていかなければならないということがよくわかりました。そのような人たちに対面で何かお手伝いをするわけではないけれど，どうか，穏やかで楽しい生活を送ってほしい，故郷を忘れないでほしい，という思いを

表11-1　生活再建課題の7要素と生活復興感の高低との関係

要　素	各要素に対して以下のように感じている人ほど生活復興感が高い
すまい	今の住居に対して満足度が高い，満足度が上がった
人と人との つながり	近所づきあいや地域活動への参加や個人の市民性が高くなったと感じる，家族間の 「きずな」や「リーダーシップ」のバランスがとれていると感じる
まち	まちの復旧・復興のスピードが速いと感じる，夜のまちの明るさが震災前より明る くなったと感じる
そなえ	日頃の備えから，将来に災害があっても被害は小さいだろうと認識している
こころと からだ	ストレスが低くなったと感じる
くらしむき	家計が好転したと感じる，震災以外の原因での転職・転業だと認識している
行政との かかわり	自分の公共への参加が積極的だと感じる，行政に依存しているだけではまずいと感 じるようになった

出所：兵庫県（2005）「生活復興調査　調査結果報告書　平成17年度」をもとに筆者作成。

込めて作業をしています」。

　先述した，高齢者のお宅での清掃作業から本当のニーズとは何だろうと考え
た事例からも見て取れるが，被災した人々の暮らしを支えるということについ
て，災害時のボランティア活動からは考えさせられることがたくさんある。

（2）被災した人たちとまちの関係

　私たちの生活は，まちやコミュニティのなかで営まれている。その人が大切
にするコミュニティには，SNS のように目には見えないものもあるかもしれ
ない。もし，そのような大切なものが壊れてしまったら，今までの生活が一変
してしまうだろう。人の生活とまちやコミュニティの関係は深いのである。

　表11-1は，阪神・淡路大震災後に，兵庫県が5年ごとに実施した調査をま
とめたものである。生活再建に重要とされる7つの要素に対して，被災経験者
がどのように感じることが，被災後の生活を立て直すことができたと認識する
ことにつながるのかについて示している。

　たとえば，「まち」という要素では，「夜のまちが明るくなったと感じる人ほ
ど，被災からの生活を立て直せたのだという思いが強い」というように読み取
ることができる。「人と人とのつながり」の要素では，きずなやつながりのバ

ランスが大事なのではないかということも理解できる。

　誰かに引っ張ってもらうとか支え続けてもらって強いきずなを作っていくのではなくて，その人自身が「自分で立ち直っているんだな」と自覚できることも大事なのではないだろうか。それは，災害といった状況でなくても，私たちが何か困難なことがあったときに感じることでもあるかもしれない。

（3）受援力

　東日本大震災後のある被災地で，仮設住宅団地で暮らす被災した人々への思いを，団地の周囲で震災前からの自宅に住み続けている人たちが「私たちも，仮設の人たちのことはすごく気になるんです。何かできることはないのかと。でも，私らは偶然に家が流されなかったから住んでいられるし，申し訳ない気持ちで声がかけられないんです」と述べたことがあった。

　それを聞いた仮設住宅の見守りを行う専門職（コミュニティソーシャルワーカー）が，仮設住宅に住む人たちと周囲の地域の人たちとの交流会のイベントを企画して，地元の若者などにもボランティアとして参加してもらうことになった。すると，被災した人のひとりから「私らはもっと，助けてほしいって言ってもいいんだね」という声があがったのだという。

　この「助けてほしい」という声を出すことができる，支援を受けることができる力のことを「受援力（じゅえんりょく）」と呼ぶことがある。被災した人たちのみならず，私たちも日頃から，地域のなかでこの受援力を高めていくことが必要であろう。

　災害で壊れてしまうものはたくさんある。でも，その後に，いろいろな気づきや声をキャッチすることで，新しいものを創っていくことにつながることもある。先の事例は，地元の人たちや福祉の専門職とボランティア活動者との，まさに協働のケースだといえよう。

4　続いていく思い──イメージすること，思いを馳せること

　災害という過酷な状況に置かれた人や地域を目の前にして，私たちは「支えたい」「助けたい」という思いを抱く。これは，まさに，ボランティア活動の

写真 11 - 2　岩手県大槌町の風の電話
出所：朝日新聞 GLOBE プラス2021年 1 月 4 日「見えない，聞こえな
い，それでも亡き人を感じる　大槌町『風の電話』に人絶えず」
（https://globe.asahi.com/article/14055333　2023年 3 月18日閲覧）。

本来の意味である「自発性」を表している。しかし，災害時のボランティア活
動の難しさというものも存在する。

　東日本大震災後の被災地で，避難所や仮設住宅団地で小学生の子どもと遊ぶ
ボランティア活動をしていた都内の学生が，子どもに対して帰り際に「また来
るからね」と伝えた。すると，ある子どもから「そうやって，ボランティアの
お兄さんやお姉さんは，また来るからと言うけれど，約束が守られたことはな
いよ」と言われた。その学生は，子どもの生活が続いていくことや活動を継続
させることについて改めて考えさせられたという。その後，大学内でボラン
ティアグループを作り，活動のための助成金なども得ながら 2 年間，定期的に
活動を続けたとのことであった。

　ボランティア活動は，人が人を直接に支えたり助けたりするイメージが強い。
しかし，被災地では，目の前にいる人ではない何かが，被災した人の心を癒す
という事例があった。写真11－2 は，岩手県大槌町にある「風の電話」という
私設の電話ボックスである。黒電話とノートが置かれているが，電話線はつな
がっていない。

　震災で家族などの大切な人を亡くした人がここを訪れ，受話器を取って故人
と会話をするのだという。もちろん，受話器の向こうから相手の声が聞こえる

わけではない。しかし，ここでひとしきり話をしたりノートに書き込んだりした人が，「少しすっきりしました」と言って帰っていくことがあるのだという。

　風の電話は，人が直接的に人を支えているのではない。しかし，これを考えついたのもまた人ではある。そして，人の傷ついた心をそっと癒すことができるのは，今は目の前にはいない人のこともあるのかもしれない。

　災害という大変困難な状況においても，人やまちはその暮らしを続けていく。その過程のほんの一時期や一部分に関わることになるボランティア活動ではあるけれども，続いていくものや気持ちに対して，ボランティア活動をする側が思いを馳せること，これは，活動のための知識やスキルなどよりも大切なことであるといっても過言ではないのかもしれない。

　本章では災害時のボランティア活動について事例なども取り上げながら考えてきたが，災害時に限らず，平常時，日常の私たちの生活や地域のありようを見直していくことで，災害時に備えるべきことや，ボランティア活動で大切にすべきことなどもみえてくるのだと思う。

注
(1)　園崎秀治（2016）「民間セクターの連携の深化——今日の災害と災害ボランティアセンターを通じた市民による支援」第1回防災推進国民大会分野別ディスカッション(1)「市民セクターの連携」資料。

学習課題
　自分の住んでいる地域で想定される災害について調べ，その際にどんなことが生活や地域で生じるか，そして，自分ならばどんな行動をとるか考えてみよう。さらに，自分が被災しなかった場合に，ボランティア活動をするにはどんな準備や心構えが必要か整理してみよう。

第 12 章

地域・まちづくりとボランティア活動

　地域づくり・まちづくりという概念が生まれたのは，いずれも近代的な経済開発の弊害に対抗する住民活動が発端と考えられる。国は，この弊害克服のために地方分権改革を進めてきた。これにより，地方の自立と自治がいっそう要求され，住民の主体性や住民と行政との協働による地域・まちづくりが求められている。

　また，地域・まちづくりは，人のためにも自分のためにもなる活動である。活動に参加している人に話を聞くと，住民が若い世代に貢献する地域活動を行うと，若い世代は地域に恩返しをし，恩恵を受けた人はまた地域に貢献するという好循環が生まれる可能性があることを教えてくれる。

1　地域・まちづくりの概念が生まれた背景

（1）まちづくりの概念が生まれた背景

　地域づくり，まちづくりとは何かと問われると，読者はどのように答えるであろうか。これらの概念は，都市開発，教育，福祉，保健衛生など，実に幅広い分野で用いられ普及しているが，いずれも統一された定義はない。しかし，これらの概念が生まれた背景には違いがある。そこで，この点について簡単に振り返っておく。

　1950年代からわが国において高度経済成長が始まり，農村から都市へ人口が大きく移動し，都市の過密化と農村の過疎化が進行した。そして，急速な工業化に伴い様々な公害問題が生じた。生活環境の悪化に対する住民の問題意識が

高まり，1970年代には各地で住民運動が展開された。たとえば，東京都練馬区の道路・地下鉄建設反対運動もそのひとつである。当時，自動車による大気汚染や騒音などに住民が苦しめられていたところ，1970（昭和45）年に東京都が放射36号線と地下鉄8号線を同時施工する方針を発表した。これらが建設された場合，公害問題が増大することを懸念した住民は，道路対策住民協議会を結成し反対運動を起こした。これを皮切りに，実に17年の歳月をかけて，小学校周辺の緑地確保，車線の数，照明灯のデザインに関することまで行政と住民が対話を続け，互いの妥協点を探りながら地下鉄と道路の建設を実現させた。[1]これは，住みよい居住環境を守るために住民が道路・地下鉄建設過程に参加し，行政と住民との合意により建設事業を成し遂げた，まちづくりの事例といえる。このような，1970年代に展開された住民運動が主なきっかけとなり，この頃から「まちづくり」との言葉が多用されることとなった。[2]

（2）地域づくりの概念が生まれた背景

　農山村地域に目を転じると，国は，過疎対策に関する法整備等により産業振興，住民福祉の向上，税制優遇措置などを講じてきたが，少子高齢化，人口流出・減少の流れは止まらなかった。そこで，行き詰まりつつある過去の地域の仕組みにこだわらず，住民が行政の力も活用して，地域の特性を生かした新しい仕組みと価値をつくり出すことで生活基盤を整える「地域づくり」が求められるようになった。[3]この「地域づくり」という言葉は，1991（平成3）年のバブル経済の崩壊以降，バブル経済下で語られた，経済的な振興を主目的とする「地域活性化」に代わる用語として意識的に使われ始めたとされる。[4]

　地域づくりのひとつの例として，1997（平成9）年度から制度化された鳥取県智頭町による「日本ゼロ分のイチ村おこし運動」を挙げることができる。この運動は，住民が集落または地区の10年後の将来像を描き，新たに住民による振興協議会を立ち上げ，これを活動主体として，①外の社会と積極的に交流を行うため，情報化への取り組みを推進する（交流・情報），②住民自らが一歩を踏み出す村づくりを基本理念とする（住民自治），③村の生活や文化の再評価を行い，付加価値をつくる（地域経営）活動を行う。そして，活動推進のために

全戸が年5000円以上を負担したうえで，住民がボランティアで活動することを条件とし，行政がその集落，あるいは地区に対して助成金を交付する。また，助成金の交付を受けた集落・地区に対し，行政が地域づくりのアドバイザーを派遣する等の支援を行うというものである[5]。この運動の結果，ある集落では，住民が集落を歩いて回り集落の宝となる資源を再発見し，特産品づくりや伝統行事の復活が実現した。また，高齢化が進む集落にとって負担が大きかった葬儀のあり方を，住民が話し合って負担の少ない形態に変更したり，集落間で助け合って行事を実施したりするなど，地域の特性や環境条件に応じた斬新な取り組みが行われた[6]。これは，住民自らが地域の将来像を描き，それに向かって住民や行政が共に行動を起こした地域づくり活動である。

　以上のように，「まちづくり」は，70年代に都市を中心に盛んに行われた住民運動，「地域づくり」は，過疎化が進行する農山村の地域振興を主な契機として生まれたものと考えられる。いずれもボランティア活動であり，急速に進んだ近代的な経済開発の弊害に対抗した住民活動ともいえる。そして，双方に共通するのは，行政に依存すれば問題が解決するわけではなく，住民参加，住民の主体性が必然的に要請されるということである。

　次節では，地域・まちづくりへの住民の参加促進に関連する国による政策について，地方分権改革の動きから検討する。

2　地域・まちづくりと自治

（1）地方分権改革の歩み

　高度経済成長期の国民の働き方は，過労死がしばしば生じるほど長時間労働が当然のようになり，ゆとりと豊かさが実感できる社会の実現が課題となった。そこで国は，地方分権を推進し，少子高齢化社会への柔軟な対応を図ることや，地方が中心となって地域活性化に取り組み，都市から地方への人口移動を促進する等により，この課題を克服しようとした。このため，1995（平成7）年に地方分権推進法を施行し，国と地方公共団体の役割分担を明確にし，地方公共団体の自主性と自立性を高めることを基本理念とした地方分権を行うことを

謳った。そして，2000（平成12）年施行の地方分権一括法により，機関委任事務を廃止したうえで自治体の事務を法定受託事務と自治事務に再編し，国から地方自治体への関与の縮小が図られた。2001（平成13）年から2005（平成17）年に行われた三位一体改革では，地方交付税と国庫補助負担金の削減とともに，国から地方へ概ね３兆円の税源が移譲された。そして，自治体の財政基盤強化，小規模自治体では困難であった高水準のサービス供給の促進などを目的として，1999（平成11）年の市町村の合併の特例に関する法律（合併特例法）の一部改正を機に，2010（平成22）年まで市町村合併（平成の大合併）を推進した。特定の期間内に合併した自治体は，合併特例債を発行できたこともあり，1999（平成11）年３月末時点で市町村数が3232であったものが，2010（平成22）年３月末には1727まで減少した。合併により自治体が広域化し，住民の声が行政に届きにくくなることが懸念されたため，2004（平成16）年の地方自治法改正により，自治体内の一定の区域に地域協議会を設置し，市町村長に意見具申をする権限をその協議会に付与する地域自治区制度を設けた。2014（平成26）年には，人口減少により経営破綻する地方自治体が続出すると警告した増田レポート[7]と呼ばれる文書が公表された。これを受けて同年に，まち・ひと・しごと創生法（地方創生法）が施行された。同法では，政府は，まち・ひと・しごと創生総合戦略を定めることとし，都道府県や市町村においてもその戦略を定めるよう努力義務化した。2019（令和元）年には，政府は，第２期の戦略を策定している（翌年に改訂）。これを受けて，ほとんどの自治体も第２期の戦略を策定し，雇用の創出（特産品の創出など），都市から地方への人口移動の促進（農泊など），結婚・出産・育児に希望をもてる地域社会の実現（地域での支え合いなど），安心して暮らせる魅力的な地域づくり（地域運営組織による課題解決など）などに関する事業を行っている。これらは，いずれも住民のアイディアや参加を要する取り組みである。

（2）地域・まちづくりによる自治の具現化

　このような一連の地方分権改革によって，地方自治体には以前に増して，自立と自治が求められるようになった。地方自治は，日本国憲法で保障されてお

り，民主主義の基盤である。憲法第92条には「地方自治の本旨」が謳われており，これを具現化する法律が地方自治法である。地方自治の本旨は，地方自治が中央政府ではなく住民の意志に基づいて行われる「住民自治」と，地方自治が国から独立した地方公共団体により自らの意志と責任に基づいて行われる「団体自治」の２つの要素により構成されるといわれる[8]。すなわち，地方自治は住民と行政が共になすものであって，内容にもよるであろうが，双方の協働により行われる地域・まちづくりは，地方自治を具現化する活動として捉えることができる。皆が安心して暮らせる地域社会の構築に向けて，住民と行政が共に協力して一つひとつ課題を達成してゆく地域・まちづくりが重要である。このような活動経験を積み重ね，小地域から地方，そして国へと，ボトムアップの地域・まちづくりの展開が望まれるところである。各自治体の多くの自治基本条例やまちづくり条例では，協働による地域・まちづくりの推進を謳っているが，これをいかに活性化できるかが問われているのである。

3　地域・まちづくりと公民館

（1）地域・まちづくりに関する活動への国民の参加状況

　既述のように，わが国では住民参加による地域・まちづくりが求められている。地域・まちづくりには，住民参加の下で行われる都市計画や農山村振興に関する住民活動，身近な自治会・町内会活動なども含まれる。では，現状において地域・まちづくり活動に参加している国民はどの程度いるのであろうか。「令和元年国民健康・栄養調査報告」によると，20歳以上で町内会や地域行事などの活動に参加している人の割合は，年に数回が34.4％，月１〜３回が6.8％，週１回が0.9％，週２〜３回が0.7％，週４回以上が0.3％である。活動に参加していない人は56.9％である[9]（図12-1）。つまり，半数を超える人々は参加しておらず，参加していても，そのほとんどは年数回のみなのである。もちろん，地域・まちづくり活動は町内会や地域行事に限ったものではないため，その参加率はもっと高いかもしれない。しかし，町内会や地域行事というのは，地域における人間関係を育み，支え合う地域づくりの基礎となり得るものであ

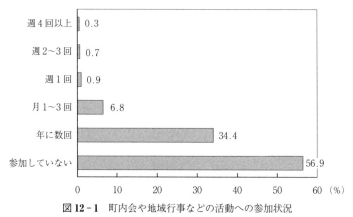

図 12 - 1　町内会や地域行事などの活動への参加状況
出所：厚生労働省（2020）「令和元年国民健康・栄養調査報告」226頁をもとに筆者作成。

り，住民にとって最も身近な地域づくり活動である。その参加状況がこれでは，自治の実現からはほど遠い。この背景には様々な要因があろうが，いずれにしても，地域・まちづくりに対する国民の関心を高め，参加を促進する方策が必要である。そして，それに寄与する装置として着目しなければならないのが，公民館である。

（2）地域・まちづくりへの参加を促す公民館

　第二次世界大戦直後のわが国は，多くの人々が家や親しい人を失い，傷病者であふれかえり，食糧が不足し，物価も急激に上昇するなど，皆貧しく混乱を極めた状況にあった。こうしたなかで，連合国軍による占領政策により軍国主義を排斥し，民主主義を基軸とした戦後復興・新日本建設が進められた。しかし，国民にとって民主主義は馴染みがなく，その教育が必要となった。そこで国は，人々が互いに学び教え合い，教養を高め，さらに日本再建の原動力を醸成すべく，社会教育施設として公民館を各地に設置した。2018（平成30）年現在で公民館数は1万4281となっているが，自治体の財政悪化などにより，近年は公民館を削減する傾向にある[10]（図12 - 2）。

　今後の社会教育のあり方を検討した，2017（平成29）年の「人々の暮らしと社会の発展に貢献する持続可能な社会教育システムの構築に向けて」では，社

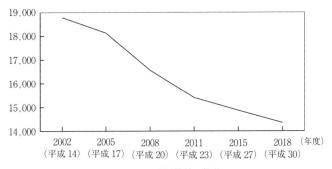

図 12 - 2　公民館数の推移

出所：文部科学省（2018）「平成30年度社会教育調査結果の概要」をもとに筆者作成。

会教育には，「地域住民が地域コミュニティの将来像や在り方を共有し，その実現のために解決すべき地域課題とその対応について学習し，その成果を地域づくりの実践につなげる『学び』を『地域課題解決学習』として捉え，（中略）住民の主体的参画による持続可能な地域づくりに貢献することが求められる[11]」とした。たとえば，長野県飯田市千代地区では，公民館が水資源セミナーや過疎問題セミナーなど，地域課題を住民が学習し，対応する事業を実施した。これがきっかけとなり，住民が資金を拠出して地域に簡易水道を整備した。また，住民の手により「明日の千代を考える会」を組織化し，このメンバーを中心に，同地区の地域づくり計画としての千代地区基本構想計画を策定した[12]。この計画に基づき，住民主導により生活基盤整備，地域連帯・自治の強化等に関する取り組みを行っている[13]。このように，同地区では地域課題解決学習を実践し，住民生活に立脚した自治を涵養する役割を公民館が果たしている。

　以上のように，公民館は，地域課題に対する住民の関心を喚起し，地域づくりの担い手を創出する施設として位置づけられているのである。

4　地域・まちづくりに参加する意義と今後の課題

（1）地域・まちづくりに参加する意義

　地域・まちづくりへの住民の参加促進が求められる。では，そもそも地域・

まちづくりに参加している人々は，なぜ参加しているのであろうか。この点について，地域における見守り活動に参加する人々に対する聞き取りの内容を参考に，探ってみたい。

　見守り活動というのは，一人暮らし高齢者，障がいのある人，生活困窮者などの支援が必要と思われる人々に対して，周辺の地域住民が，訪問，電話，カーテンの開閉や電灯の点灯の有無を外から確認する等により，安否や生活上の困難を把握する。そして，何か問題があれば住民が，民生委員児童委員や福祉専門職などに連絡し，対応するというものである。これは，支え合う地域づくり活動のひとつで，各地の社会福祉協議会や地域包括支援センターが地域住民と協力して広めている。地域により様々であるが，この活動に参加しているのは，民生委員児童委員，自治会・町内会，地区社会福祉協議会関係者などの場合が多い。

　筆者は，ある80代の元自治会長のA氏にインタビューを行った。A氏は定年後，自治会長を担うことになった。その地域では，自治会長は，自治会活動の一環として見守り活動に協力することが慣例となっていた。A氏は，参加して間もない頃は何もわからず手探りの状態であったが，「やってみたら面白いなと。頼られるから。やっぱり，一生懸命やってみたらいろんな人と知り合いになるし，面白いなとわかってくる」と語っている。つまり，周囲から頼られることや，知り合いが増えることにやりがいを感じているのである。だからこそ，継続的に参加できているのであろう。また，この地域では，以前は4年以上務める自治会長が多かったが，近年は1年で自治会長を辞めるケースが増えているという。A氏はこのことについて，「今は面白みを感じる前にすぐ辞めるでしょう。地域活動をやろうと思えば，自治会の足腰が強くないと活動はできない。それが一番弱ってしまって」とも語っている。自治会の弱体化によって地域活動全体が衰退してゆくことに危機感を感じているのである。

　また，別の地域で民生委員児童委員をしている50代のB氏は，ある日，見守り活動がきっかけで精神疾患を抱えた住民を発見し，その親族に連絡した。この結果，医療サービスの受給につながり，症状と生活を安定させることができた。この経験から，「誰かの支えになれたと思った。良かったなってすごい思

えるんですよね。だから民生委員や見守り活動を続けられる」と話している。
B氏の場合，人の役に立てることが活動継続の要因となっているのであろう。

　さらに，ある地域で見守り活動に加わっている40代のC氏に話を聞くと，
「私の子どもが子育てサロンで地域の方々にお世話になったので，私も恩返し
をしたいと思って今の活動をしています」とのことであった。すなわち，地域
に恩返しをするためにボランティア活動を行っているのである。

　以上，日頃から見守り活動に参加している3人に対する聞き取りの内容を紹
介した。活動に参加している動機は様々で，①周囲から頼られるから，②知り
合いが増えるから，③人の役に立つことができるから，④地域の人にお世話に
なったため恩返しをしたいからというものであった。この結果から理解できる
ことは，活動を行うことで人の役に立つことができること，並びに，仲間がで
きたり頼られたりと自分のためにもなることが動機となっているということで
ある。つまり，地域・まちづくりは，人のためになり自分のためにもなる一石
二鳥の活動なのである。

（2）地域・まちづくりへの参加促進に向けた今後の課題

　しかし，A氏が言うように，少なくとも数年は活動を続けなければその面白
さはわからない。「令和元年国民健康・栄養調査報告」にあるように，年に数
回，町内会や地域行事に参加するのみでは，その面白さを知ることは難しい。

　また，上述の④地域の人にお世話になったため恩返しをしたい，との動機は，
今後の地域・まちづくりを展望するにあたり重要な示唆を与えてくれる。なぜ
なら，地域の人々が若い世代のために貢献すると，恩恵を受けた若い世代は地
域に恩返しをしてくれる。そして，その恩恵を受けた人はまた地域に貢献する
という互酬の関係が生まれ，好循環が創出される可能性を示しているからであ
る。地域での人間関係が希薄化している今こそ，このような好循環を生み出す
仕組みを地域につくり，支え合う地域社会の実現を目指すことが望まれる。

＊　本章は，JSPS科学研究費若手研究（19K13963）による研究成果の一部である。ま
　た，調査にご協力いただいた方々にお礼を申し上げます。

注

(1)　堀江興（2003）「東京都幹線道路放射36号線に関わる行政と住民との対話による整備の研究」『新潟工科大学研究紀要』8，41〜48頁。

(2)　佐藤滋（1999）「まちづくりとは」佐藤滋編著『まちづくりの科学』鹿島出版会，12〜21頁。

(3)　宮口侗廸（2003）『地域を活かす——過疎から多自然居住へ（改訂版）』大明堂，17〜30頁。

(4)　小田切徳美（2013）「地域づくりと地域サポート人材——農山村における内発的発展論の具体化」『農村計画学会誌』32(3)，384〜387頁。

(5)　智頭町（2021）「日本1/0村おこし運動」（https://www1.town.chizu.tottori.jp/chizu/kikaku/mezasu/zeroichi/　2023年2月1日閲覧）。

(6)　高尾知憲・杉万俊夫（2010）「住民自治を育む過疎地域活性化運動の10年——鳥取県智頭町『日本・ゼロ分のイチ村おこし運動』」『集団力学』27，76〜101頁。

(7)　日本創成会議・人口減少問題検討分科会（2014）「成長を続ける21世紀のために『ストップ少子化・地方元気戦略』」（https://www5.cao.go.jp/keizai-shimon/kaigi/special/future/wg3/0729/shiryou_05-1.pdf　2023年2月1日閲覧）などの一連の文書を指す。

(8)　芦部信喜（2019）『憲法（第7版）』岩波書店，378〜379頁。

(9)　厚生労働省（2020）「令和元年国民健康・栄養調査報告」226頁。

(10)　文部科学省（2018）「平成30年度社会教育調査結果の概要」（https://www.mext.go.jp/content/20200313-mxt_chousa01-100014642_3-3.pdf　2023年2月1日閲覧）。

(11)　文部科学省（2017）『平成29年度公民館に関する基礎資料』361頁。

(12)　荻野亮吾・八木信一（2021）「自治の質量とまちづくりの飯田モデル——地域自治（運営）組織への示唆として」『佐賀大学教育学部研究論文集』5(1)，193〜212頁。

(13)　南信州飯田市千代千代地区まちづくり委員会ホームページ（https://www.chiyo-x.jp/　2023年2月1日閲覧）。

学習課題

　町内会や地域行事などの地域活動は，地域住民間のつながりを築く大きな役割を果たしている。しかし，半数を超える人々はそれに参加しておらず，参加していたとしても年数回程度の人が多い。これは，なぜなのか。あなたが住む地域の状況を参考にしたうえで，あなたの考えを述べてみよう。

第13章

ボランティアと教育

　ボランティアという言葉やその活動は現在，地域のごみ拾いのような生活圏内で実施するものから，災害時には県を，時には国境をもまたいで行う活動まで，幅広く用いられ取り組まれるようになっている。このようにボランティア活動が生活に身近になると同時に，災害ボランティアへ赴いたにもかかわらず，被災地をサンダル履きの手ぶらで訪ねてしまいボランティア現場で迷惑をかけてしまうことや，担当者へ事前に連絡をせずに登録したボランティア活動を欠席するなど，必要な知識や責任感が不足しているために生じる問題も散見されるようになっている。ここでは，ボランティアに関する教育が求められる背景や取り組み方について触れていく。

1　ボランティアに関する教育が求められる背景

（1）ボランタリズムのもつ意味
　ボランタリズムという語はラテン語の VOLO（意志する）や VOLUNTAS（自由意志）からきているもので，「時代の危機や苦悩，あるいは未解決な社会的要請に呼応したり，さらには自己実現等の創造的意志となって，市民（住民）の側から社会の側に働きかける精神であり理念[1]」を意味している。
　つまりボランタリズムは，その時代にある法制度や政策では手の届かない，または個人や家族，身の回りの人たちの力だけでは解決できない日常生活を困難にする事象・状況に対して，本書でもこれまでに触れている社会性，主体性，無償性などの基本的性格にのっとって，自身や他者，地域社会のために改善・

解決に取り組もうとする個人や集団のもつ思いを指しており，それが行動として現れたものがボランティアだといえるだろう。

　ボランティア活動が身近なものになったことにより，自ら主体的に取り組む活動のほか，学校や職場の企画や行事として福祉施設を訪問したり，地域の清掃活動や高齢者宅を訪ねて傾聴ボランティアを行うケースもみられるようになった。そこで気を付けなければならないのは，学校や職場などから言われてその活動に従事するため，場合によっては主体的な取り組みにならないケースが生じる点である。では，ボランタリズムに内包されている基本的性格がそこに存在しない場合，それをボランティアと呼ぶことはできるのだろうか。

　このような企画や行事での活動がきっかけであったとしても，これを機にボランティアへの興味関心が高まることや，将来的に主体的な取り組みにつながるのであれば，これらの経験が社会にとっても今後の糧になると考えられる。その意味から，ボランタリズムについての理解は自ら主体的に取り組む場合はもちろんであるが，企画や行事などをきっかけとした取り組みであっても，同様に求められるものであることがわかる。ボランティア活動を行う際は，事前に活動の意義や効果を考え，気を付けるべきことや参加することで自身が得るものは何かについて整理しておく必要がある。ボランティアに関する教育（以下，ボランティア教育とする）には，知識や方法論だけでなくボランタリズムを育むことも含まれているといえよう。

（2）現代社会とボランタリズムとの関係

　ボランティア活動の根源にあるボランタリズムを育むことは，自ら興味関心をもって活動に取り組むことで身につけることもできるが，自然発生的に多くの人がボランティアについて学び実践するとは考えにくい。内閣府が20歳以上の人を対象に行った調査[2]でも，2018（平成30）年の1年間でのボランティア活動経験について「したことがない」と回答した者は83.0％となっている。さらにボランティア活動への参加の妨げとなる背景については「参加する時間がない」が51.4％と最も多く，続いて「ボランティア活動に関する十分な情報がない」が34.1％となっている。そのほか「参加するための手続きがわかりにく

い」は22.4％となっている。調査対象者の多くが社会人であり，仕事や家庭での役割など日常生活のなかでボランティア活動を行うことが難しいことが背景にあると考えられるが，ボランティア活動の内容や参加方法などの情報を得る手法は一般知識としてもっていてもよいだろう。

　ボランタリズムは国や自治体から一方的に求められていることではなく，我々の暮らしの安心・安全に直結するということも知らなければならない。携帯電話などの通信手段や公共交通機関，コンビニなどの各種サービスの発達は生活を便利なものにしているが，それに伴って従来の地域社会にあった人とのつながりも薄れている。地域社会で行っていた行事やイベントの衰退や，独居高齢者や子育て世帯の孤立化，近隣住民が互いの顔を知らないことで見守りや防犯機能が低下するなど，身近な自助・互助力も低下している。

　ボランティア活動が災害時の被災者支援やスポーツなどの国際大会のような非日常を支えるものだけではなく，地域社会で暮らす日常や自身の将来の安心や豊かさにつながるものになるためにも，現代社会において人々に広くボランタリズムが醸成されることが期待されている。

2　ボランティア教育の対象と内容

（1）ボランティア教育の対象と効果

　ボランティア教育は，年齢に関係なくすべての人が対象となる。体力や判断力の求められるボランティアは大人が適していると考えられるが，先の内閣府が実施した調査の結果をみてわかるように，社会人になってからではボランティアについて学んだり活動をする機会は減少してしまう。

　そのため，子どもの頃から他者や地域社会，社会問題と自身との関係について考え，実践できる力を育むことが理想だと考えられる。次世代の養成を担う教育についてみると，学校教育法第31条において小学校では「児童の体験的な学習活動，特にボランティア活動など社会奉仕体験活動，自然体験活動その他の体験活動の充実に努めるものとする」としており，中学校や高等学校でも同様の内容となっている。また，学習指導要領においても，小学校では地域の行

図13-1　福祉教育読本「ともに生きる」シリーズ（鳥取県社会福祉協議会）

出所：鳥取県社会福祉協議会・ボランティアセンター「福祉教育読本『ともに生きる』シリーズ」（https://www.tottori-wel.or.jp/hukushi/we_top/we/14/1/　2023年3月17日閲覧）。

事への参加や「ボランティア活動などの社会奉仕の精神を養う体験が得られるようにすること」というように，ボランタリズムの醸成に関する内容が記載されている。中学校，高等学校では同様の内容に加えて，「地域や社会の課題を見いだし，具体的な対策を考え，実践し，地域や社会に参画できるようにする」という社会参画の必要性についても触れられている。[3]

　ここでのポイントは，ボランティア教育はそれを学ぶ年齢層に合わせて実施するようになっていることである。もちろん，専門学校や短期大学，四年制大学ではさらに発展した内容が求められよう。

　鳥取県社会福祉協議会のボランティアセンターでは，福祉教育読本「ともに生きる」シリーズを作成している[4]（図13-1）。この冊子の小学生，中学生向けのものは教育に携わる先生向けのものも含めて3冊で構成されており，高校生向けのものは，福祉の理念，理解，実践という3つのステップで学べるよう，3冊で構成されている。小学生向けの導入は家族とのふれあいに始まり，友達そして地域のふれあいというように，成長する過程で関わる様々な人とのつながりの意味から学べるようになっている。そこから自分が暮らす理想的な「まち」について考え，最後にボランティアについて知り，自分にできるボランティアについて考える力を育むものとなっている。

　このように，ボランティア教育を行う際は，対象の年齢層を考えたプログラムを作成して取り組むことが効果的だと考えられる。

（2）ボランティア教育の捉え方と内容

　ボランティアという言葉は，主体性や無償性などの基本的性格に必ずしも一致していない活動であっても用いられることがある。たとえば学校がボランティア体験として地域貢献活動や福祉施設に生徒を連れていったり，長期休みの課題にすることがあるほか，公募されているボランティアでも受け入れ先がボランティアに交通費を支給したり，お弁当を準備するケースなどである。

　先にも触れたが，ボランティアは基本的性格を大切にしながらも，将来的に主体的な活動につながるきっかけを作るために，多様性や柔軟性をもって捉える必要があると考えられる。では，交通費やお弁当などをもらうという，必ずしも無償とは呼べない活動はどう捉えればよいのだろうか。

　厚生労働省でも「ボランティア活動への参加のスタイルや濃淡はさまざまであり，助け合いの精神に基づいて受け手と担い手との対等な関係を保ちながら，謝意や経費を認め合うことは，ボランティアの本来的な性格からはずれるものではなく，このことは，活動意欲のある人なら誰でも，広く参加する機会を得るためにも必要」だという意見が取り上げられている。さらに，「ボランティア活動を行い，実費や交通費，さらにはそれ以上の金銭を得る活動」を「有償ボランティア」として位置づけている。

　そのほかにも，ポイント制ボランティアを導入した活動もある。これは，ボランティア活動の内容や時間に応じたポイントを得ることができ，このポイントを用いて自身もボランティアを活用したり，得たポイントを図書カード等と交換することができるというものである。

　ボランティアは基本的性格を大切にしながらも，受け手と担い手との間に対等な関係と認識の共有があれば，実費や謝礼，活動中の食事がある程度提供されても，活動として位置づけられるということである。「得る」ことの意味について整理をすると，ボランティアは何も「得ない」活動としてのみ理解するのではなく，子どもにとっては楽しみや自己肯定感につながる活動，大人や高

齢者にとっては生きがいにつながるなど，自身の成長につながる経験を「得る」活動という視点も含まれていることがわかる。ボランティア教育はボランタリズムの醸成や知識および技術の習得と併せて，自身が有益な経験を「得る」ことや，その内容についても考え学ぶものだといえよう。

3　ボランティア教育の実践とポイント

（1）ボランティア教育のプログラム

　ボランティア教育は学校での授業や地域住民を対象とした講座など，限られた時間内で実施されるケースが多い。また，指導者もボランティア教育を専門とする教員以外が担当することもある。そのため，経験論やインターネット上の情報で偏りが出ないよう，先に紹介した福祉教育読本や本書のようなテキスト等に触れて，ボランティアに対する多面的・多角的な視野を身につけておく必要がある。

　では，実際にボランタリズムの醸成に結びつくボランティア教育を行う際は，どのようなプログラムで進めていけばよいのだろうか。ここでははじめてボランティア活動に参加する受講生へのボランティア教育を例として，2つのステップからみていくこととする。

　ボランティア教育の最初のステップには「ボランティア学習シート：事前学習用」（図13-2）を用いる。まず自身が思いつくボランティア活動以外の取り組みについてインターネットの検索や聞き取りを行うことで，ボランティアに対する認識を広げる。そのうえで自身が住む町で取り組むことのできるボランティアの計画（案）を作成する流れになっている。

　想定したボランティアの人数は的確なのか，人は集まってくれるのか，準備物は十分かなど，コーディネーター側の視点からも考えることで，自身が活動する意義の理解だけでなく，多くの人が関わる活動に参加しているという責任感にもつながる。ボランティアの名前についても，たとえば「〇〇川清掃活動」ではなく，「〇〇川びっくり美化プロジェクト☆」のように参加者の興味を引く工夫をすることも活動に愛着を感じる一助となる。

ボランティア「学習」シート（事前学習）

作成日　　年　　月　　日

作成者名 _____

① ボランティアにはどのような活動があるのかを調べてみよう

方法（1）パソコンやタブレットで「ボランティアセンター」や「ボランティア　活動例」で検索してみる
　　　（2）自分の住む地域のボランティア活動について、家族や地域住民、コミュニティセンター（公民館）、社会福祉協議会の方に直接聞いてみる

調べたところ、聞いた人	調べたボランティアの内容

② ボランティアの計画を立ててみよう

項　目	説　明
活動の対象や目的 （何・誰に対して、どうしてその活動をするのか） ※その範囲または対象人数も	
活動の内容 （具体的になにをするのか）	
活動による効果 （活動の結果、どのようないいことがあるのか）	
ボランティアの数 （どのような人が何人くらい集まって行うのか、集め方）	
ボランティアの配置と人数 （どの多様な役割があり、そこに何人必要か）	
準備物等（実施日時・集合場所のほか、準備物や必要な事前知識など）	
ボランティアの名前 （参加したくなるような工夫）	

図 13 - 2　ボランティア学習シート：事前学習用

出所：筆者作成。

　作成したシートは指導者がただ評価を行うだけでなく，プレゼンテーションの形で作成者が発表を行い，他の受講生や指導者から不明瞭な点や具体的にどのようにするのか等について質疑応答を行うことで，ボランティア活動をより広い視野で捉えることができるようになる。これらのワークは個人でも可能だが，グループで取り組むとより効果的である。

　このシートを活用する際に指導者が気をつけることは，肯定的評価である。作成者によっては一般的な内容になる場合もあるが，独自の表現や情報，まとめ方のような小さな点でも拾い上げて必ず評価をすることで，ボランティア活動を前向きに捉えることができるよう配慮をすることが望ましい。

　次のステップはボランティア活動への参加である。ここでは「ボランティア実践シート：体験学習・事後学習用」（図13-3）を用いる。事前学習の時間がとれない場合は，ここから始めることも可能である。本シートの「①参加するボランティアについてまとめよう」では，「ボランティア学習シート」で作成したボランティアプランと類似した項目を埋めるようになっているため，作成しやすく，また自身がプランニングした際に不足していた視点にも気づくことができるようになっている。

　指導者はただ項目に記入する内容を伝えるのではなく，先にそのボランティアの活動内容等がわかる資料を渡して，受講生が個人またはグループで考えて項目を埋めるようにし，その後で指導者が各項目について説明を行うことが望ましい。ボランティア活動当日の指導者の注意点として，ボランティア活動中の安全確認や体調への気配りはもちろんだが，指示待ち姿勢で動けていない者への声かけのほか，清掃であれば汚れた物を触ることに抵抗がある場合や，高齢者や障がい者が対象の場合は，普段から接点のない受講生は積極的に関わることができないケースもあるため，仲介役となってサポートを行うことが求められる。休憩中にも大声で話したり，ボランティア活動・対象に対する批判的な言動，スマートフォンばかり触ってほかのボランティアと関係がもてていないなど気になる点について，必要に応じた声かけも必要となる。

　終了後はシートの後半部分を埋めることになる。活動を振り返って客観的にAからEの評価を理由と併せて記入することで，自身の学びと次の課題を理解

ボランティア「実践」シート（体験学習・事後学習）

作成日　　年　　月　　日

作成者名＿＿＿＿＿＿＿＿

① 参加するボランティアについてまとめよう

項　目	説　明
参加するボランティアの名前	
実施日時と集合場所	
活動の対象や目的(何・誰を対象にどうしてその活動をするのか) ※その範囲または対象人数も	
活動の内容(目標達成のためにそのボランティアでは、具体的になにをするのか)	
活動の際に自分が担当する役割や場所	
活動による効果(活動の結果、対象にはどのよういいことがあるのか)	
ボランティアの数(どのような人が何人くらい集まって行うのか)※わかる範囲で	
準備物等(持ち物や服装だけでなく事前知識も)	
参加する際の注意点(わからないことは誰に尋ねるのか、緊急時の連絡、言葉遣いや礼儀など)	

② 参加したボランティアについて振り返ってみよう

評価には次を参考に A～E の記号を書き入れましょう

A:とてもできた、B:ややできた、C:どちらともいえない、D:あまりできなかった、E:全くできなかった

項　目	評価	そのように評価した理由
活動の目的達成に関わることはできたか		
活動の内容(主体性、協働性はあったか)		
活動による効果は感じられるか		
今回の活動で得たことや自身の課題(知識や技術、態度、行動などについて)		
今回の学びで次に生かしたいこと		
※ここは指導者が記入します **フィードバック**		

図 13-3　ボランティア実践シート：体験学習・事後学習用

出所：筆者作成。

することができる。また，最後のフィードバックについては指導者が記入するが，「ボランティア学習シート」の評価と同様に，次の活動につながるよう肯定的評価も必ず記入しなければならない。内容も一般的なねぎらいではなく，活動の際の言動や姿勢を個別に観察しておき，受講生個人を評価したものになるよう注意が必要である。事後の振り返りとして，別途リフレクションシートを作成したり，ボランティア教育の実施後にリアクションペーパーを活用して今後の指導内容に反映させることも有効となる。

（2）ボランティア教育を行う際の注意点

　ここまでボランティア教育の取り組み例についてみてきたが，最後に指導者がボランティア教育を行う際に伝えるべき7点について触れておく。

　①　ボランティア活動はできることから始める

　移動方法や活動時間，体力なども考えて自分の空いた時間にできる内容を対象として，安全面を考え無理のない範囲で計画的に活動すること。

　②　共に活動したいと思われる意識と態度を心がける

　活動に時間がかかったりミスをしたほかのボランティアを見下したり，有償の活動を軽蔑するなど，自身の感情や価値観を優先してはいけない。自分のやり方が正しいと思い込まず，他者の意見を受け入れ，常に改善点を模索する。

　③　責任感をもって取り組む

　無断欠席はもってのほかである。ボランティア活動内の決まり事を守り，個人情報等の秘密はSNSも含めて口外しない。

　④　対象（相手）を中心に考える

　「してあげている」という対等ではない関係ではなく，協力者や寄り添う意識をもたなければならない。自立を妨げるような必要以上の過剰な支援にならないかについても意識をして，相手の求めに応じた内容の支援を心がける。

　⑤　気持ちの暴力に気づくこと

　被災者や持病を抱える人等を「かわいそうに」と憐れんだり，ぎりぎりの状態で頑張っている人に「頑張って！」と配慮のない言葉を投げかけるなど善意を押しつけた自己満足にならないようにする。相手の状況や心情を考えずに，

受け手から「ありがとう」の言葉や感謝がないと愚痴や悪口を言うなど，自己中心的にならないようにする。

⑥　協同型の取り組みであることを理解する

仕事などの目標達成型だけでなく，ボランティアの場合は少しでも目標に近づくために，皆で協同することが優先されるケースがあることも理解しておく。

⑦　指導者はボランティア教育の目的を明確にする

高齢者や障がい者を対象としたボランティアの事前教育で，車いすやアイマスク，高齢者疑似体験セットなどを用いた教育が行われる際に，社会にある問題や支援の際の注意点を学ぶという目的を明確に伝えなければならない。「高齢者は不自由で不便」「障がいはないほうがよい」等の誤った伝わり方をしないか，指導内容について俯瞰しなければならない。

以上のようにボランティア活動は気軽に始められる反面，生じるリスクへの認識が不十分になる可能性があるため，これらの注意点については指導者と受講生が共に理解しておく必要がある。また，ボランティア活動の際は自身がけがをするだけでなく，他人にけがを負わせてしまうことや，ものを壊してしまうリスクも生じる。そのような事態が発生した際に適切に対応ができるよう，「ボランティア活動保険[7]」への加入も推奨される。

様々なボランティア活動を経験していくなかで，ボランティア活動力の発展や新しい取り組みに興味がある場合は，「ボランティアコーディネーション力検定[8]」について学び挑戦するのもよいだろう。ボランティア教育はこれまでみてきたように，ボランタリズムを育むことから始まり，実践においてはステップアップやスキルアップの仕組みを示すことで，自身の成長や充実にもつながる継続的な活動となるきっかけを作るものである。そして，すべての世代が対象となる，生涯学習のひとつとして位置づけられるものだといえよう。

注
(1)　阿部志郎ほか編（2002）『講座戦後社会福祉の総括と二一世紀への展望Ⅱ　思想と理論』ドメス出版，248頁。

⑵　内閣府「令和元年度市民の社会貢献に関する実態調査報告書」(https://www.npo-homepage.go.jp/toukei/shiminkouken-chousa　2023年3月17日閲覧)。

⑶　文部科学省「学校教育におけるボランティア活動の位置付け」(https://www.bousai.go.jp/kaigirep/pdf/201218_04.pdf　2023年3月17日閲覧)。

⑷　鳥取県社会福祉協議会・ボランティアセンター「福祉教育読本『ともに生きる』シリーズ」(https://www.tottori-wel.or.jp/hukushi/we_top/we/14/1/　2023年3月17日閲覧)。

⑸　厚生労働省・援護局地域福祉課「ボランティアについて」(https://www.mhlw.go.jp/shingi/2007/12/dl/s1203-5e.pdf　2023年3月17日閲覧) 29頁。

⑹　⑸と同じ，2頁。

⑺　全国社会福祉協議会「令和5年度　ボランティア活動保険」(https://www.fukushihoken. co. jp/fukushi/files/council/pdf/2023/volunteer_activities_pamphlet.pdf　2023年3月24日閲覧)。

⑻　日本ボランティアコーディネーター協会「ボランティアコーディネーション力検定　INDEX」(https://jvca2001.org/vco_kentei/　2023年3月24日閲覧)。

学習課題

　「ボランティア学習シート」(図13 - 2)を用いて，多様な対象や活動について調べたうえで，自身の考えるボランティア活動案を完成させてみよう。

第14章

グローバルな視点による海外ボランティア

　本章では，海外ボランティアの事例として政府開発援助（ODA：Official Development Assistance）のひとつである JICA の海外ボランティア事業を取り扱うが，読者のなかには日本の ODA とボランティアとがどのように関係しているのかという疑問をもつ人もいるかもしれない。また，政府が行っていることだからと少し遠い存在のように感じるかもしれない。しかし，ODA を支えているのは政府や自治体といった公的機関だけではない。企業，教育機関，NGO，NPO，ボランティアなど市民社会との協働作業によって展開されているのが実態であり，想像しているよりも案外と身近な存在である。

　JICA が行う海外ボランティア事業を知るうえで，国際協力と日本の ODA，そしてそのなかでの JICA の位置づけをふまえて，本章では JICA の青年海外協力隊と筆者の経験を順次紹介していくこととする。

1　国際協力と ODA

（1）国際協力

　国際協力とは，国際社会全体の平和と安定，発展のために，開発途上国・地域の人々を支援することであり，その協力には，国が行う ODA や多国間で行われる支援以外にも，様々な組織，団体，機関，そして市民が関わっている。そのことは持続可能な開発目標（SDGs）からも見て取れる。SDGs は，2015年9月に国連サミットで採択された。「地球上の誰一人として取り残さない」ことをスローガンとして掲げており，2016年から2030年までの国際目標として，

持続可能な世界を実現するための17のゴール・169のターゲットから構成されている。SDGs では，貧困，地球温暖化等多岐にわたる国際社会が掲げる課題の解決に向けて，多用なアクターの参加を通じての取り組みが必要とされている。具体的には，政府のみならず，企業による社会的責任活動，NGO や大学，地方自治体などによる，各々の専門分野での力の発揮，募金や物品の寄付，また，ボランティア活動など市民レベルの国際協力といった様々なアクターの活躍と協力により，より良い世界の実現に向けた取り組みが求められている。そして，日本の ODA においても同様に，ボランティアを含めた多用なアクターによる，様々な形での活動が期待されている。

（2）政府開発援助（ODA）

ODA は，国際社会全体の平和と繁栄に不可欠な公共財である「国際公共財（グローバル・コモンズ）」と国益の均衡点で実施される。その均衡点は，援助各国の政治的，社会的，経済的な条件などが政策に反映されるため，時代によって変化することとなる。

日本の均衡点の変遷をみると，1951年にサンフランシスコ講和条約を締結した後，戦後の経済復興，国際社会への復帰，アジア諸国との経済関係の再構築の３つが不可欠の解決課題となっていた。そのため，米国からの経済的支援を受けつつ，中国を除くアジア諸国との正式な外交関係の構築（平和条約の締結），太平洋戦争中に日本が与えた経済的人的損害への対応（賠償協定の締結），アジア諸国の経済開発に対する支援（経済協力の提供）の３つを基本方針とし，それら基本方針を反映したのが，賠償協定の最初の国となったビルマ（現在のミャンマー）である。日本はビルマに対して「平和条約・賠償協定・経済協力」の３つのパッケージを締結し，その後の賠償交渉はこのモデルを活用していくこととなった。その後の協力も，国益が重視され，アジア諸国からの輸出指向型工業化を支援すべく援助，直接投資，輸入が三位一体となった総合的協力（「三位一体型開発モデル」）が導入された。このように日本の援助は，国益を重視した政治・経済的目的を達成するための協力であった。一方，冷戦後は，「東西対立」の緩和とグローバル化の進展に伴い，国際公共財を意識した

ODA 方針が示されるようになり，均衡点は少しずつ変化していった。具体的には，貧困緩和，地球環境保全，平和構築，持続的開発，人道援助，民主化やガバナンスなど普遍的価値の普及などが国際公共財として広く受け入れられるようになった。

　また，冷戦後の国益と公共財の均衡点の変化をみるうえで有用なものとして，日本政府が決定した ODA に関する基本方針を挙げることができる。1992年にはじめて ODA の基本方針として策定されたのが，「ODA 大綱」である。同大綱の背景には，この時代，日本は世界一の援助大国（1991年から2000年）となっていたが，上述したように国益を重視した経済協力に偏重したことや，1991年の湾岸戦争への日本の協力が軍事協力ではないのかとの批判を受けていたことがあった。これらの批判に応えるために，ODA の基本理念が示された。その後1990年代後半からグローバリゼーションの深化のなかで浮上した課題に対応すべく，2003年に新 ODA 大綱が，そして2015年には，多用なアクターの参画のなかでの国際協力を意識して，「ODA 大綱」から，「開発協力大綱」と名称が変更された。同大綱では，基本方針として，①非軍事的協力による平和と繁栄への貢献，②人間の安全保障の推進，③自助努力支援と日本の経験と知見を踏まえた対話・協働による自立的発展に向けた協力を挙げている。また，重点政策として，①「質の高い成長」とそれを通じた貧困撲滅，②普遍的価値の共有，平和で安全な社会の実現，③地球規模の課題への取り組みを通じた持続可能で強靱な国際社会の構築を挙げている。ここで，国益への貢献を明文化するために意識されたのが中国の積極的な対外経済協力（一帯一路イニシアチブなど）への対抗を強く意識した「質の高いインフラ投資」の推進である。その一方，国際公共財への取り組みを意識した，平和構築，人間安全保障の推進や地球規模の持続可能な取り組みとして SDGs との連携を含めた内容となっており，時代の流れを反映した国益と国際公共財の均衡点の変化が垣間見られる。

2　JICA

　1974年2月15日，ODA の技術協力と無償資金協力を担う組織として，国際協力事業団（JICA）の設立が決定され，同年8月に外務省所管の特殊法人として JICA が発足した。2003年10月1日には，独立行政法人国際協力機構となった。同機構の設立目的は，独立行政法人国際協力機構法に記載されており，開発途上地域等の経済および社会の開発もしくは復興または経済の安定に寄与することを通じて，国際協力の促進並びにわが国および国際経済社会の健全な発展に資することを目的とするとされた。

　独立行政法人となり，初代理事長には，それまで外務省から理事長が迎えられることが慣例となっていたが，難民高等弁務官であった緒方貞子氏が就任し，初の民間人の理事長が誕生した。さらに，2008年10月1日には，JICA と JBIC（国際協力銀行）の海外経済協力部門とを統合し，新 JICA が誕生した。この統合により，JICA は，技術協力，無償資金協力（外交政策の遂行上の必要から外務省が実施するものを除く），有償資金協力といった ODA を一元的に実施する機関となった。具体的には，JICA は，開発途上国が抱える課題に対し，技術協力，無償資金協力，有償資金協力のほか，青年海外協力隊などの海外ボランティア派遣や NGO，地方自治体，大学などの国際協力活動を支援し，様々な形で連携する市民参加協力，国際緊急援助，研究活動，民間連携など，多様な協力メニューを用いて事業を実施している。

　JICA の実施体制は，96の海外拠点，14の国内拠点，援助対象は150か国・地域，そして，職員数は1955人（2022年1月時点）となっている。また，予算規模について，2019年度の実績をみると，日本の技術や経験を伝える専門家の派遣や，研修員・留学生の受け入れを行う技術協力事業規模は1751億円にのぼる。主な協力分野として，公共・公益事業22.6％，農林水産10.6％，人的資源（教育や職業訓練など）11.2％，計画・行政8.1％，保健・医療5.9％，エネルギー3.0％，商業・観光3.0％などである。また，所得配分が低い国を主な対象として，返済しなくてもよい資金を提供する無償資金協力の事業規模金額は856億

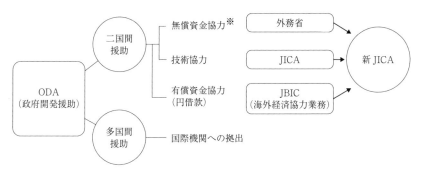

※　外交政策の遂行上の必要から外務省が引き続き自ら実施するものを除く。

図 14-1　ODA と JICA

出所：国際協力機構（JICA）「ODA と JICA」（https://www.jica.go.jp/aboutoda/jica/index.html　2022
年12月21日閲覧）。

円で，計画・行政2.4％，公共・公益事業51.0％，農林水産6.7％，エネルギー
5.1％，商業・観光0.8％，人的資源（教育や職業訓練など）14.9％，保健・医療
17.5％，その他1.5％であった。さらに，開発途上国の国づくりに必要な資金
を長期返済・低利子で貸し付ける有償資金協力の事業規模金は，1兆5232億円
で，電力・ガス32.3％，運輸36.0％，農林水産4.1％，社会的サービス（上下
水道・衛生，教育など）22.5％，プログラム型借款2.4％，その他2.7％であった。
　JICA が掲げるミッションは，「開発協力大綱」の下，「人間の安全保障」と
「質の高い成長」を実現することとしており，ビジョンとして「信頼で世界を
つなぐ」を掲げている。詳しくみると，「JICA は，人々が明るい未来を信じ
多様な可能性を追求できる，自由で平和かつ豊かな世界を希求し，パートナー
と手を携えて，信頼で世界をつなぎます」としている。そして，そのとるべき
アクションとして，①使命感：誇りと情熱をもって，使命を達成する，②現
場：現場に飛び込み，人々と共に働く，③大局観：幅広い長期的な視野から戦
略的に構想し行動する，④共創：様々な知と資源を結集する，⑤革新：革新的
に考え，前例のないインパクトをもたらすという5つを挙げている。[5]
　このように，JICA は政府開発事業の実施機関として，幅広い分野に対して，
多様なアクターの協働により，開発途上国の経済，社会が自立的・持続的に発
展できるよう，人づくり，国づくりに寄与することを目指している。そして，

その目的を達成するために，JICA 職員に求められることは，開発途上国の
ニーズを的確に把握したうえで，これを事業として具体化していく役割や内外
の多様な関係者の協力を得て事業を進めていく役割などを果たすことであり，
まさに国際協力を支えるトータルコーディネーターとなることが期待されてい
る。そして，日本の国際協力を支えているのが上述してきた多様なアクターで
あり，次節でみる JICA 海外協力隊事業は，信頼をベースに，誇りと情熱を
もって，現場に飛び込み，人々と共に働く意志をもったボランティアによって
支えられているのである。

3　JICA 海外協力隊

（1）JICA海外協力隊とは

　JICA は青年海外協力隊（JOCV：Japan Overseas Cooperation Volunteers），日
系社会青年ボランティア，シニア海外ボランティア，日経社会シニアボラン
ティアの4事業を総称して「JICA ボランティア」と呼んでいたが，2018年秋
募集より，「JICA 海外協力隊」に名称を変更している。そのなかでも JOCV
事業は，広く馴染みのある事業として読者も聞いたことがあるだろう。JOCV
は1965年に誕生しており，事業発足から50年以上という長い歴史をもち，これ
までに92か国（ボランティア調整員のみ派遣の国を含む）に対して，のべ4万6098
人（2022年3月31日現在）の隊員が参加している。[6]活動分野は農林水産，保健衛
生，教育文化，スポーツ，計画・行政など多岐にわたっており，派遣期間は原
則2年間となっている（1か月から参加できる短期派遣制度もある）。2016年には
アジア地域で社会貢献などに顕著な功績をあげた個人や団体に対して送られる
ラモン・マグサイサイ賞を受賞するなど，開発途上国から高い評価を得てきた。
JOCV 事業の目的は，1965年の発足当初から，次の3つの事業目的が設置され
ており，その後，大きな変更点はない。1つ目は，開発途上国の経済・社会の
発展，復興への寄与，2つ目は，友好親善・相互理解の進化，3つ目は，国際
的視野の涵養とボランティア経験の社会還元である。[7]つまり，技術協力を中心
とした開発協力への従事，国際交流，そして，国際的視野をもった人材の育成，

さらに，隊員経験の日本国内への還元という多様な目的をもつ事業といえる。

　それでは，協力隊員に応募してくる人はどのような人たちで，どのような動機で応募してくるのであろうか。その実態を紐解く研究を須田一哉ら[8]が行っている。須田らは，JICA 研究所が実施した2011年度から2014年度までの調査において，回答を得ることができた1507人の協力隊員への意識調査のデータを用いて，隊員らの参加動機をクラスター分析の手法を用いて類型化している。データの内訳は，男性が583人，女性は892人，性別の回答なしが32人で，平均年齢は28.4歳であった。参加動機に関しては，「人の役に立ちたいから」40.9％，「途上国の社会の役に立ちたいから」36.4％，「途上国の社会を理解したいから」30.7％，「将来のキャリアアップにつなげたいから」30.7％，「自分を変える仕事をしたいから」24.4％，「帰国後に協力隊経験を日本で役立てたいから」23.3％，「外国で生活したいから」21.0％，「自分の技術を試してみたいから」19.0％，「国際交流に参加したいから」と「外国語を習得したいから」16.3％，「世界を変える仕事がしたいから」15.2％となっている。一方，5％未満の回答であるが，「就職前に経験を積みたいから」4.6％，「現状から離れたいから」4.1％，「経済的なメリットがあるから」1.9％，「人から勧められたから」0.9％，「希望の進路に進めなかったから」0.7％，その他4.4％などとなっている。須田らは，これら回答をクラスターに分類し，「好奇心志向」381人，「ビジネス志向」145人，「国際協力志向」246人，「自分探し志向」188人，「自己変革志向」240人，そして「慈善志向」307人に分け，協力隊員の参加動機の傾向を示した。協力隊員の参加動機として，利他的な動機が多いのではないかとのイメージをもちやすいが，実際には，利己的な（自分のためにといった向きの）動機とが混在していることが見て取れる。

　次項では，実際の JICA の海外ボランティア活動とはどのようなものなのかを，筆者の経験をふまえて紹介することで，具体的な活動をイメージしてもらうこととする。

（2）JICA 海外協力隊の実際の活動経験：出発前訓練

　JICA 海外協力隊の長期ボランティアの募集は，現在，春と秋の年に2回行

われており，筆記および面接試験に合格すると，国内に2か所（長野県の駒ヶ根と福井県の二本松）にある訓練所で，約70日間の訓練を行うこととなる。訓練所では，JICA 海外協力隊として安全に，有意義に現地での生活や活動ができるよう，協力隊員としての姿勢や態度，言語および異文化への理解等についての知識や能力を養ったり，予防接種や渡航手続きなどを行ったりしている[9]。

　訓練所の1日は，朝食の後，晴れの日は屋外で朝の集いを行い，その後語学訓練となる。語学訓練では，それぞれの言語に分かれ，5～6人の少人数クラスごとでの語学勉強が行われる。昼食後の午後の訓練は，日によって継続して語学訓練であったり，国際協力や開発途上国で仕事をするうえでの心構えについて等の講義を聴く時間であったりする。講義では，特に開発途上国での生活における安全面への注意喚起や，現地では海外協力隊員が日本人の代表としてみられることになるといった点についての話がなされる。

　JICA 海外協力隊に限らず，旅行や留学などで世界中どこへ行っても，現地の人々はその訪れた日本人を「日本人の典型」「日本人の代表」として認識する。特にボランティア派遣ともなると，後任の受け入れにも関わってくる。よって，この訓練を通して，最も身につけるべきものは渡航前の心構えであり，現地における生活面を含めたボランティア活動全般に対する責任感なのではないだろうか。

（3）渡航と現地での活動について

　筆者の場合，渡航後に再度現地において，語学研修が行われた。具体的には現地の人々の家にホームステイをして，現地における生活様式や人々の習慣などの文化に慣れながら，研修所で学んだ言語をブラッシュアップさせる。1～2か月に及ぶ現地における語学研修後に，ようやく任地入りすることができた。

　筆者は，ホンジュラス国のバジェ県，ナカオメ市で活動を行った。ナカオメ市は，ホンジュラス国内で最も暑い地と現地人の間でもいわれており，「La Puerta del Inferno（地獄の扉）」とホンジュラス人に称されていた。開発途上国は，水や電気に苦労するというイメージがあるが，イメージ通り，水や電気は来るときは来る，という生活であったことから，現地の人たちとの会話にお

写真 14-1　ナカオメ市の生活の様子1
（筆者撮影）

　水をためておくピラ。ためた水は，洗濯，食器洗い，お風呂に使う。

写真 14-2　ナカオメ市の生活の様子2
（筆者撮影）

　伝統料理ナカタマルを作る際には，外で薪を使って調理。

いても，「今日は電気が来た（来なくなった）」「水が出た（出なくなった）」という会話が，日本における天気に関する会話のように交わされていた。

　このナカオメ市における筆者の活動は，主に，ホンジュラス国立教育大学の授業において，小学校算数教育教授法の授業を行うことであった。この活動は，算数指導力向上プロジェクトの一環の仕事となっており，2003年から2006年の間には，37人の青年海外協力隊員の投入があった。日本人が小学校算数教育の教授法の授業を行っていた理由としては，ホンジュラス国における初等教育課程の純就学率は95％（2000年）と高く，男女格差もほとんどみられない一方，修了率は68.5％（2000年），うち正規の6年間での修了率は31.9％という状況があったことが挙げられる。また，ホンジュラスにおける留年の主な原因はスペイン語と算数の成績不振であり，現職教員の資質が低いことが問題として挙げられていることから，算数の教員継続研修の改善・実施，算数科国定教科書準拠の教師用指導書，児童用作業帳の作成，児童用標準学力テストを使用した教育評価方法の整備を行う技術協力プロジェクトが要請された。

　よって筆者は，プロジェクトで作成された算数の教師用指導書に基づき，授業を現職の小学校教員を対象に土日に行っていた。

　授業では，40人程度の学生が受講しており，年齢は20代から50代までと様々であった。教室は，ナカオメ市の公立高校の教室を使用して行われたが，写真

153

写真14-3　ナカオメ市の小学校中核教員
　　　　　への授業（筆者撮影）

写真14-4　穴のあいたホワイトボード
　　　　　（筆者撮影）

14-4のように，ホワイトボードに穴があいていても，筆者が教えていた期間に修復されることはなかった。現地の公立教員の教材状況は日本のように充実してはいない。筆者は，活動の一環で，平日に受講生の学校を回り，プロジェクトの一環として授業評価を行っていたが，学校によっては，児童1人に1冊教科書が貸与されない状況がみられたり，コピー機がない学校や，あっても学校がインクを買うことができない状況があったりと，日本のように副教材のプリントを容易に用意することができない状況であった。よって筆者は，現地で調達できる物を使い，安価に作成できる教材を作り，教示することを目指した。最も反響があった教材が，画用紙，ひもを使った，平面図形を立体に変化させる教材であった。この教材は，図形の計算方法を学んだ学生に，立体の計算方法を学ぶ際の説明に提示したところ，具体的でわかりやすく，自分の小学校の授業でも取り入れたいという感想を得られたことを記憶している。受講者のなかには，掛け算や割り算もままならない教員や，小数や分数，図形等の分野を理解していない教員が多く在籍したことから，算数の教授法を教えるにあたり，受講生の算数の能力を向上させることも重要な役目のひとつであった。

　筆者は，平日には授業準備か，学生の勤務する小学校へ授業観察に行っていた。学生は，ナカオメ市周辺の幅広い地域から，大学の授業に通っていたことから，エルサルバドル国との国境の地域にある学校や，軽い登山をしなければならないような山奥の学校，船で行かなければならないような島の学校へ訪問をした。訪問の目的は，プロジェクトから課された授業評価であったため機械

写真14-5　山奥の小学校へ訪問した際の
　　　　　道のり（筆者撮影）

写真14-6　田舎の学校の複式学級の様子
　　　　　（筆者撮影）

写真14-7　日本のゲームをスペイン語で
　　　　　行う（筆者撮影）

写真14-8　児童が折り紙で羽ばたく鳥を
　　　　　作成（筆者撮影）

的に調査はしていたものの，ひとりの教員として，学生との信頼関係を築くこ
とを筆者自身の目的として訪問を行っていた。そのため，学校訪問の際には，
児童に日本の歌をスペイン語で教えたり，日本のゲームをスペイン語で行った
り，折り紙の折り方を教えたりしていた。紙1枚，鉛筆1本無駄にできない社
会である。また，「折り紙」も存在しないことから，折り紙を教える際には，
A4の裏紙を裁断し，折り紙として再利用していた。

　筆者の活動で最も記憶に残っていることが，学生と，学生の受け持つ児童と
の触れ合いであった。児童に喜んでもらえると，受け持っていた学生との信頼
関係もさらに強くなり，土日の授業への熱心な参加態度にも反映されていった。

　どこの国においても，外国人がボランティアとしてその国を訪れ，簡単にボ
ランティアをさせてくれるかというと，そうではないだろう。現地の文化や地

元の人々と触れ合うことにより，少しずつ信頼を得て，ボランティアを「させてもらう」状態が作られるのではないだろうか。以前，ホームレス救済団体の支援者が，ホームレスの人に声をかけても1回で心を開いてくれる人はまずおらず，継続的に何度も時間をかけて通うことでSOSを出してくれるようになると話していたが，それに通じるところがあるように思う。国内外を問わず，ボランティアを行うにあたり，ボランティアされる側の信頼を得ることが大切であると考える。

　JICA海外協力隊は，企画調査員が滞在し，現地におけるボランティアの要請開拓や調整を行っているため，現地からの要請があったうえで派遣される。しかし，要請を単に遂行するのではなく，現地の人々とのコミュニケーションを通して，本当に現地から求められていることや，現地の人々に必要なことを読み取り，実行することが，海外ボランティアへ行き活動を行う意義なのではないだろうか。

　JICAのボランティア事業は，渡航中の隊員への支援だけでなく，帰国後の進路開拓支援も手厚く，安心して参加することができる。しかし，JICAのボランティア事業のほかにも，国際NGOやNPO団体を通して海外ボランティア活動に参加できるので，ぜひ様々な視点から海外ボランティアをリサーチし，自分に合った海外ボランティアに参加してほしい。

注
⑴　末廣昭（2020）「解題　戦後日本のODAと荒木光弥」荒木光弥『国際協力の戦後史』東洋経済新報社，260〜280頁。
⑵　⑴と同じ。
⑶　荒木光弥（2020）『国際協力の戦後史』東洋経済新報社。
⑷　国際協力機構（JICA）「一目でわかるJICA」（https://www.jica.go.jp/about/at_a_glance/index.html　2022年12月24日閲覧）。
⑸　国際協力機構（JICA）「JICAのビジョン」（https://www.jica.go.jp/about/vision/index.html　2022年12月24日閲覧）。
⑹　国際協力機構（JICA）「事業実績／派遣実績」（https://www.jica.go.jp/volunteer/outline/publication/results/index.html　2022年12月24日閲覧）。

⑺　岡部恭宜編著（2018）『青年海外協力隊は何をもたらしたか──開発協力とグ
　　ローバル人材育成50年の成果』ミネルヴァ書房。
⑻　須田一哉・白鳥佐紀子・岡部恭宜（2018）「協力隊員の類型化──参加動機から
　　見る隊員像」岡部恭宜編著『青年海外協力隊は何をもたらしたか──開発協力とグ
　　ローバル人材育成50年の成果』ミネルヴァ書房，175〜190頁。
⑼　国際協力機構（JICA）（2022）「JICA 海外協力隊派遣前訓練とは」（https://
　　www.jica.go.jp/volunteer/training_cent-er/index.html　2022年11月10日閲覧）。
⑽　国際協力機構（JICA）（2004）「評価調査結果要約表」https://www2.jica.go.jp/ja
　　/evaluation/pdf/2004_0603091_2-_s.pdf　2022年12月15日閲覧）。
⑾　⑽と同じ，1頁。
⑿　⑽と同じ，1頁。
⒀　⑽と同じ，1頁。

参考文献

荒木光弥（2020）『国際協力の戦後史』東洋経済新報社。
岡部恭宜編著（2018）『青年海外協力隊は何をもたらしたか──開発協力とグローバ
　　ル人材育成50年の成果』ミネルヴァ書房。
国際協力機構（JICA）（2022）「JICA 海外協力隊派遣前訓練とは」（https://www.
　　jica.go.jp/volunteer/training_cent-er/index.html　2022年11月10日閲覧）。
国際協力機構（JICA）（2004）「評価調査結果要約表」https://www2.jica.go.jp/ja/
　　evaluation/pdf/2004_0603091_2-_s.pdf　2022年12月15日閲覧）。
国際協力機構（JICA）人間開発部（2009）「ホンジュラス共和国　算数指導力向上プ
　　ロジェクトフェーズⅡ　中間評価調査報告書」（https://openjicareport.jica.go.jp/
　　pdf/11949492_01.pdf　2022年12月15日閲覧）。

学習課題

　本章で示された JICA 海外協力隊の実例から，海外でのボランティア活動を成功さ
せるためのポイントやキーワードは何か，あなたの考えを述べてみよう。

第15章

ボランティアの力と
ボランティア活動による学びと喜び

　ボランティア活動には，人から人のつながりだけでなく，人→もの→人などのいろいろな形態がある。ボランティアは，人，地域，社会に様々な影響を及ぼしている。日常生活上の何らかの困難を抱え，他者の支援を必要としている人にとっては，ボランティアが支える力となり得る。ただ，一方的に支えるのではなく，それらの人たちから，ボランティア活動の参加者も支えられている。ボランティア活動を通して，支え・支えられる関係性を新たに築き，そして学び，喜びを感じる場面も少なくない。ボランティア活動は，一般的に他者のための活動と考えられているが，実は参加者自身のための活動でもある。

1　ボランティアの力

（1）ボランティアが人・地域・社会にもたらす影響
　本書では，ボランティアに関する概念，ボランティア活動の範囲，参加について，理論から実践につながる説明を行ってきた。
　ボランティアについては，様々な視点や解釈があり，明確な定義を行うことは困難であるが，厚生労働省によると，その具体的活動であるボランティア活動は，「自発的な意思に基づいて他人や社会に貢献する行為[1]」とされる。
　つまり，ボランティアは，誰かに強制されるものではなく，自らの意志で，行動に変え，他者や地域とつながり，支える具体的行為である。では，人はどのような場面で，他者のために，何かをしたいと突き動かされるのだろうか。
　写真15-1をみてほしい。これは，宮城県石巻市にある JR 石巻駅と，そこ

写真 15 - 1　石巻駅と石巻駅付近の建物（筆者撮影）

から少し歩いた場所にある建物を撮影したものである。右の写真の建物の壁に数字が書かれているのがわかるだろうか。この236という数字の単位はセンチメートルである。この数字が何を意味しているのか。それは，2011（平成23）年3月11日に発生した東日本大震災により押し寄せた津波の高さである。

　JR 石巻駅は，単線ではなく5線を有し，駅付近には銀行から飲食店まで様々な商業施設が多くみられる宮城県北東部にある主要駅のひとつであり，太平洋沿岸地域に位置している。それらの地域状況から，東日本大震災が発生した14時46分の時刻には，多くの人が駅周辺にいたことが容易に想像できる。そこに，日本人の平均身長をはるかに超える高い波が押し寄せた。いかに目を疑うような凄惨な光景であったか。東日本大震災直後，それらの状況が，テレビ，新聞，インターネットを通して発信され，甚大な人的・住家被害に，日本のみならず，世界中の人が言葉を失い，自発的に，何かしたい，貢献したいと思い，具体的なボランティア活動につながっていった。

　予測困難な大震災の発生により，悲しみや絶望を感じる多くの被災者に対して，自発的に支援したいという思いをもった日本中の様々な人たちによるボランティア活動が，人と人，人と地域や社会とつながった。そして，被災者が非日常の状況から，一歩ずつ着実に，日常の生活を取り戻す力を後押しすることにつながっている。

　なお，災害発生時は，ボランティアをしたいという熱い思いが多くの支援に

つながるのだが，思いが個々で散らばっている状態では大きな力にならない。組織体制を整え，多くの気持ちをつなげることにより，ボランティア活動のクオリティは格段に上がるとされる[2]。

　一方，震災時だけでなく，今も生活上の困難を抱えている人が，日本中の地域に存在する。しかし，それらの状況が報道されることは多くなく，自身の住む地域に誰かの支援を求めている人がいることを知らないケースも少なくない。

　そのため，地域にはどのような特性があり，どのような人が住んでいるのか，ひょっとすると生活上の困難を抱えている人がいるかもしれないと，日頃から想像力を働かせていくことが，他人事から自分事として考えていく地域共生社会の実現につながるステップかもしれない。

　自分だけでなく，他者を思い，想像力を働かせることを機に，自発的に他者の生活を支える何かをしたいと思う。そして，その一歩先のボランティア活動が，生活上の困難を抱える人たちの幸せの実現を後押しする力につながる。

（2）参加者が感じるボランティアの力

　ボランティア活動の参加者は，どのようにボランティアの力を感じているのだろうか。事例を通して考えてみたい。

　医療用ウィッグに関するボランティア活動に参加した20代女性の事例である。ボランティアの内容は，ガン治療を乗り越えた人，あるいはガンの治療が終わった人の家族から，使用していたウィッグの提供を受け，ガンと闘う人へ再提供するサイクルの実施に取り組んでいる団体で，提供されたウィッグの消耗状態を確認することであった。ウィッグとは，薄毛部分をカバーしたり，ヘアスタイルを変えるために使われる，図15-1のような装身具である。

　ボランティア活動の参加から，人と人のウィッグをつなぐ取り組みにより，病気で苦しむ人の気持ちが救われ，日々の生活に潤いを与え，その取り組みをボランティアが支えていることを知った。また，提供されていたウィッグを闘病中に利用し，その後亡くなった人の家族からの「ウィッグは本人（患者）が毎日の大変な闘病生活も前向きになれるきっかけだった」との手紙を見て，闘病のつらさ・苦しさを感じる日々のなか，同じ思いをした・している人同士が，

ウィッグの提供・使用を通してつながる架け橋の役割を，ボランティアが担っていることを知り，ボランティアの力と重要性をあらためて感じていた。

図15 - 1　ウィッグ（装身具）

　この事例では，ボランティア活動の参加者が，支援を求めている人と直接つながるのではない。ウィッグを介して，人と人が間接的に思いをつなげることが，闘病生活を送る人の前向きな気持ちを支える力になっていた。ボランティアの力は，人から人，人→もの→人など，様々な場面で好影響を与えている。

2　ボランティアの可能性と限界

（1）ボランティアの可能性

　ボランティアについては，「小さな活動が，出会いになり，そこでのつながりが自分を変えるだけではなく，社会を変えていくという可能性をもっていることがボランティア活動の可能性である[3]」との解釈がある。また，「ボランティアの魅力は，なんらかの問題に自分から動き出すことで新しい出会いや関係が生み出され，それが大小様々な広がりを生み出し，問題解決へとつながっていく可能性にある[4]」とされる。

　日本においては，地域の希薄化が叫ばれるなか，「制度・分野ごとの『縦割り』や『支え手』『受け手』という関係を超えて，地域住民や地域の多様な主体が参画し，人と人，人と資源が世代や分野を超えてつながることで，住民一人ひとりの暮らしと生きがい，地域をともに創っていく社会[5]」を意味する地域共生社会（図15 - 2）が推進され，新たな社会の実現への変革が求められている。

　人は，必ずどこかの地域に居住している。その地域には様々な特性があり，年齢，性別，国籍，障がいの有無，一人暮らしかどうかなど，様々な住民の多

ひとり一人のくらし

● 多様性の尊重
● 気にかけ合う関係性

● 活躍の場づくり
● 安心感のある暮らし

誰もが役割を持てる地域共生社会

● 働き手の創出
● 地域資源の有効活用

● 就労や社会参加の
　機会の提供
● 民間企業による
　生活支援への参入

農林漁業　　環境　　商工業　　交通 等…

様々な社会・経済活動

図 15-2　地域共生社会のイメージ図

出所：厚生労働省「地域共生社会のポータルサイト」（https://www.mhlw.go.jp/kyouseisyakaiportal/
2022年11月10日閲覧）。

様性がある。各地域の生活上の困難の解決に向けては，各地域の特性，住民一
人ひとりの多様性に合わせて，人と人，人と社会資源のつながりをファシリ
テートするような取り組みが必要になる。そのひとつに，ボランティア活動が
あると考えられる。地域共生社会という大きなスローガンができたからといっ
て，各地域の住民が，いきなり，「明日からお互いの暮らしを支えましょう」
という意識に変化するほど，人間の意識や行動の構造は単純ではない。

　そのため，地域共生社会の実現に向けては，住民の意識を高めていくための
周知・広報活動を積極的に行っていく必要がある。それは，行政等の公的機関
の広報誌などによる情報発信だけでなく，今，地域での支え合いが必要な理由，
支え合う意義などを，わかりやすくイメージしやすい言葉を用いて，住民同士
がコミュニケートし合うきっかけを，様々な場面で作っていく必要がある。そ
のきっかけづくりを，ボランティアが担う可能性がある。

　地域で生活上の困難を抱える人をボランティア活動で支える人が，その活動

内容を通した気づきなどを，他の住民に話し，それを聞いた住民が「自分にできることから始めてみようかな」と感じ，ボランティア活動につながることで，ボランティアの輪が少しずつ広がる。そして，それが大きな地域の輪となり，ボランティアの関心の有無にかかわらず，すべての人が互いを意識し，できることから少しずつ始め，支え合える地域共生社会の実現につながる可能性がある。

　たとえば，障がい者と交流する地域のイベントの運営スタッフとして参加し，ボランティアのさらなる可能性を感じた10代女性の事例がある。このイベントの参加で，はじめて障がい者とコミュニケーションを交わすことに，当初，戸惑いや緊張が生じていた。どのように関わっていけばよいかがわからず，緊張感が高まるなか，ダウン症の障がいのある人から「そんなに構えなくてもいいんだよ。笑っていたらいいんだよ。普通で。いつも通りで」と言われたことで，緊張や不安が一気に和らいだ。

　ボランティア活動では，障がいのある人を一方的に支えるようなイメージをしていたが，実際はボランティア活動の参加者も支えてもらう，支え合いの機会につながっていることに気づいた様子であった。この活動を通して，障がいの有無にかかわらず，はじめての人とコミュニケーションを交わす際の基本姿勢を学んだ気がする。また，障がいのある人と世代が異なる大学生等の若者がイベントに参加することにより，イベントがさらに盛り上がり，障がいのある人も楽しく，嬉しく感じるとのコメントを受けたことで，改めて様々な世代がボランティアに参加し交流する重要性を学んだとのことであった。

　地域関係の希薄化が叫ばれるなか，障がいの有無にかかわらず，様々な世代の人がボランティア活動に参加することで，地域を変え，地域を活性化する，まさにボランティアが地域のインフルエンサーになる可能性がある。

（2）ボランティアの限界

　ボランティア活動は，基本的に人が人とつながり支える構図であるが，ただ，とにかく何かを支援すれば，生活上の困難を抱える人の課題解決に向かうというほど単純ではない。ボランティア活動においては，支える人，支えられる人

の間のそれぞれの感情や価値観の交流が背景にあることを考慮しなければならない。

　ボランティア活動の参加に向けては，他者への思いだけでなく，丁寧な事前準備が求められる。思い立って行動する即時性も時には必要になるが，その際でも，ボランティアに関心をもった人が，社会福祉協議会などのボランティアセンターで，その思いを述べ，その思いを受けたコーディネーターがファシリテートしながら，ミスマッチがないように，ボランティア活動につなげるだけでなく，基本的ルール，参加時の心構えから実際の振る舞いに対する活動に向けた事前準備の重要性を伝えていく体制の拡充により，ボランティアの力が発揮されやすくなる。

　一方，ボランティア活動に向けた他者への思いや配慮，十分な事前準備がなければ，生活上の困難を感じている人を言葉により傷つけ，追い込み，悪影響を及ぼす可能性がボランティアにはある。そのため，支援を必要としている一人ひとりの顔を浮かべながら，常に他者の気持ちになり，事前に配慮すべきことを念頭に置いたうえで，リスペクトを絶やさない，一つひとつに丁寧に向き合うボランティア活動が求められる。

　さらに，ボランティアの活動範囲は，幅広いが，すべての分野に万能ではない。地域生活上の日々の困難を抱えた人たちの課題を継続的に解決していくためには，医療や福祉等の公的なフォーマルサービス，インフォーマルなボランティア活動などが，重層的に相互補完し合いながら，拡充していく体制を整備することが，ボランティア活動の限界を突破することにつながる。

3　ボランティアを通した学びと喜び

（1）ボランティアから何を学ぶのか

　ボランティア活動に参加することにより，様々なことを経験し，新たな発見，学びにつながることが少なくない。それらの内容について，事例を通して，理解を深めてみたい。

　外国籍の児童への学習支援ボランティアに参加してきた20代女性の事例であ

る。ボランティア活動の内容は，外国籍の子どもたちが，言葉も文化も異なり，日本の地域環境に慣れないなか，学校の授業内容がわからなかったり，宿題にサポートが必要であったりする際に，学習支援を行うことである。この事例では，最初，「勉強を教えるだけだから簡単」と考えていたが，日本語の習得状況にも差があり，地域環境に馴染んでいくことの不安や悩みを抱える子どもたちに，寄り添いながら，日本語でわかりやすく教えることが，いかに難しいかを肌で感じた様子であった。その際，何をどう伝えればわかりやすく，理解してもらえるのかについて，徹底的に子どもたちの目線から捉える教え方を追究していくことの重要性を学んでいた。

それらの子どもたちは，学校でも教員から教育面のサポートを受けているが，年代の近い大学生等が身近な存在として勉強を教えてくれるというボランティア活動により，子どもたちから「ここに来るのが楽しい」，子どもの母親からは「子どもがここに来るのを毎週本当に楽しみにしている」などのコメントがあった。これを受け，大学生等の若者が，ボランティアに関わることの重要性を感じていた。

なお，ボランティア活動は，「人が，心と心のふれあいを大切にし，互いの支え合い励まし協力し合う展開である。その過程のなかで，さまざまなふれあいや経験を通して，心温かい人間関係のあり方や愛情，生きていることの素晴らしさや相互関係の大切さなどに気づき，共感し，人間として，貴重な体験学習によって，新しい人生の価値観を得る機会でもある[6]」とされる。

このように，普段の生活では，経験できない，意識しない，知らないことが，ボランティア活動により，経験でき，意識できるようになり，知ることで，様々な学びを得て，多様性のある地域住民とのふれあいのなかで相互理解を促し，地域共生社会に向けた支え合いの精神の醸成に役立つと考えられる。

一方，「ボランティアは活動の結果としてさまざまなことを学ぶのであるが，学ぶことが主目的ではない[7]」ことも，常に意識しておく必要がある。

（2）ボランティアからの学びを通した自己実現

ボランティア活動では，人と人のつながりにより，支援を受ける人の生活上

図15-3　いのちの電話の告知ポスター
出所：日本いのちの電話連盟（https://www.inochino
denwa.org/wp-content/uploads/2022/10/freedial_
poster_2022.pdf　2022年11月10日閲覧）。

の困難を軽減できるだけでなく，参加者も学びや喜びを感じ，自己肯定感などを高めている。

　具体的な事例について理解を深めるため，様々な困難や危機にあって，自殺をも考えている人のいのちの電話（図15-3）における相談業務のボランティア活動を長年続けている50代男性にインタビューを行った。すると，「いのちの電話ですが，そもそも善意で，死にたいと言う人の声を受け止めて，寄り添う姿勢，利害関係を度外視して関わる姿勢，簡単にでき

ることではありません。精神面でのゆとりがすごく問われます。今の時代，自分のことを主張して，他者の存在を顧みず，仕事をする人が多いようですが，心が満たされた人がこの活動を行うことで，絶望を感じながら生きている人に，ロウソクの火を灯すような存在になると感じています。そして，ボランティアは自分のための活動だと思います。活動を通じて自分を高めることができるからこそ，細やかな社会貢献につながります。困った人のための活動ではなく，自分のための自己実現に向けた活動です」というように，ボランティアを捉えていた。

　この事例からは，ボランティア活動が他者のためだけでなく，自分のための活動につながっていることがわかる。

　また，ボランティア活動を希望する人とボランティアを必要とする人・団体・施設とのコーディネートを行う側の大学のボランティアセンターに勤務する人（30代）にもインタビューを試みた。「ボランティアは，助けを必要としている人には，（大きなことはできなくても）『誰かがそばにいてくれる』『見捨てられていないんだ』というメッセージを送る行為になります。そして，社会人

になる準備をしている学生が，一足早く社会のなかで認められる（感謝される）経験を得ることができます。社会に認められることで，責任感が芽生え，さらに期待に応えようとする循環が生まれてきます。一人でできることの制限を感じ，活動の輪を広げようと，周りを巻き込む力を育むことができるようになります。また，そのような経験を積み重ねることは，自分自身の存在価値や使命を見出すことにもつながります」と語ってくれた。

　2つの事例からわかるように，ボランティア活動に参加することは，他者貢献，ひいては社会貢献につながることを学び，喜びや充実感を体感し，参加者自身のためにもなり，自分があるべき姿を追い求める自己実現につながっていくと考えられる。

　自発的な意志をもとに，ボランティア活動への最初の一歩を踏み出すことが，他者の日々の生活に温かみや潤い，癒しを与え，人を笑顔にし，幸せにつなげ，かつ，参加者自身も自己を実現させ，幸福感を高めることにつながると考える。

注
(1)　厚生労働省「これからの地域福祉のあり方に関する研究会報告書」（https://www.mhlw.go.jp/shingi/2008/03/s0331-7a.html　2022年11月10日閲覧）。
(2)　山本克彦編著（2018）『災害ボランティア入門——実践から学ぶ災害ソーシャルワーク』ミネルヴァ書房，245頁。
(3)　柴田謙治・原田正樹・名賀亨編（2010）『ボランティア論——「広がり」から「深まり」へ』みらい，223頁。
(4)　平坂義則・永田祐編著（2007）『ボランティアコーディネーターの実践——地域福祉を拓く』久美，116頁。
(5)　厚生労働省「地域共生社会のポータルサイト」（https://www.mhlw.go.jp/kyouseisyakaiportal/　2022年11月10日閲覧）。
(6)　岡本栄一監修（2005）『ボランティアのすすめ——基礎から実践まで』ミネルヴァ書房，125〜126頁。
(7)　巡静一・早瀬昇編著（1997）『基礎から学ぶボランティアの理論と実際』中央法規出版，174頁。
(8)　日本いのちの電話連盟「いのちの電話の相談」（https://www.inochinodenwa.org/?page_id=506　2022年11月10日閲覧）。

学習課題

　地域共生社会の実現を加速化するために，あなたの住む地域で，今後どのようなボランティア活動が求められ，その活動が地域にどのような影響力を与えると考えられるか，あなたの考えを述べてみよう。

おわりに

　現在，我々は，他者との関わりを通した暮らしを送っています。そのなかには，他者の支援がなければ，日々の暮らしを継続できない人たちがいます。他者の支援を必要としている人の存在は，災害発生時の報道等のクローズアップにより，認識されることが多くあります。しかし，他者の支援が必要な状況は，一時的ではなく，日々の暮らしで継続しているケースが多くあります。

　そのため，災害等の発生時だけでなく，日頃から地域のなかで，他者の支援を必要としている人はいないかについて，まずは意識・関心を向けることが，地域共生社会の推進の基盤になると考えています。日常のなかで，自分自身の暮らしも大切にしながら，他者の暮らしを支えるために，自身にできることは何かを考え，具体的に行動することがボランティア活動につながります。

　我々が居住する各地域において，すべての人が住みやすく，幸せな暮らしを追求しやすい環境の実現には，「自分自身を想うこと」に加えて，「他者を想うこと」により，「自分自身ができる範囲内で他者の支援につながる具体的行動に取り組んでいくこと＝ボランティア活動」をふまえた，継続的な基盤整備が必要ではないでしょうか。

　本書が，他者の暮らしを意識し考え，できる行動をするためのきっかけになれば幸いです。本書は，総勢17名の執筆者の実践経験や研究実績をもとに，ボランティア論ではなく，ボランティア活動論として，できるだけ活動がイメージしやすく，かつ実践につながりやすくすることを意識した内容となっています。本書を通して，読者の方々とつながることに，心から感謝いたします。

　最後に，本書の発刊の機会をいただいた監修の杉本敏夫先生（関西福祉科学大学名誉教授），各章を担当していただいた先生方，細やかな配慮をいただいたミネルヴァ書房の亀山みのり氏に，感謝申し上げます。

　2023年5月

編者一同

さくいん

（＊は人名）

監修者紹介

杉本　敏夫（すぎもと・としお）

　現　在　関西福祉科学大学名誉教授
　主　著　『新社会福祉方法原論』（共著）ミネルヴァ書房，1996年
　　　　　『高齢者福祉とソーシャルワーク』（監訳）晃洋書房，2012年
　　　　　『社会福祉概論（第3版）』（共編著）勁草書房，2014年

執筆者紹介 （執筆順，＊印は編者）

中里　哲也（第1章）
帝京科学大学医療科学部准教授

＊竹下　徹（第2章）
編著者紹介参照

岩本　裕子（第3章）
関西国際大学教育学部講師

尾﨑　慶太（第4章）
関西国際大学教育学部講師

＊小口　将典（第5章）
編著者紹介参照

野田　李来（第5章）
関西福祉科学大学大学院社会福祉学研究科博士前期課程

上原　正希（第6章）
星槎道都大学社会福祉学部教授

吉田　祐一郎（第7章）
四天王寺大学教育学部准教授

髙井　裕二（第8章）
大阪歯科大学医療保健学部講師

丸谷　充子（第9章）
和洋女子大学家政学部教授

黒木　真吾（第10章）
九州看護福祉大学看護福祉学部助教

大島　隆代（第11章）
文教大学人間科学部准教授

萩沢　友一（第12章）
西南学院大学人間科学部准教授

釜野　鉄平（第13章）
聖カタリナ大学人間健康福祉学部教授

宮腰　宏美（第14章）
常葉大学外国語学部講師

古川　光明（第14章）
静岡県立大学国際関係学部教授

＊田中　康雄（第15章）
編著者紹介参照

編著者紹介

田中　康雄 (たなか・やすお)

筑波大学大学院人間総合科学学術院人間総合科学研究群リハビリテーション科学学位プログラム博士後期課程早期修了。博士（リハビリテーション科学）。
現　在　西南学院大学人間科学部教授
主　著　『新・エッセンシャル高齢者福祉論』（編著）みらい，2022年
　　　　『介護職員の定着をいかにして図るか——エビデンスをもとに探る老人ホームの組織マネジメント理論』（単著）ミネルヴァ書房，2023年

本書をきっかけに，ほんの小さなことでも，いま自分自身にできることで，ボランティア活動に取り組むことが，誰かのためでもあり，実は自分のためにもつながることを実感してほしいと思います。

小口　将典 (おぐち・まさのり)

関西福祉科学大学大学院社会福祉学研究科臨床福祉学専攻博士後期課程修了。博士（臨床福祉学）。
現　在　関西福祉科学大学社会福祉学部准教授
主　著　『福祉サービスの組織と経営』（編著）ミネルヴァ書房，2022年
　　　　『食卓から子育て・保護者支援への展開——保育ソーシャルワークの新たな方法』（単著）日総研出版，2023年

あなたにできる事を，できる時に，できる範囲で……。ひとかけらの勇気をもってその思いを形にしていきましょう。

竹下　徹 (たけした・とおる)

熊本学園大学大学院社会福祉学研究科社会福祉学専攻博士後期課程修了。博士（社会福祉学）。
現　在　周南公立大学福祉情報学部准教授
主　著　『ソーシャルワークの基盤と専門職Ⅰ（基礎）』（共編著）ミネルヴァ書房，2022年
　　　　『ソーシャルワークの理論と方法Ⅰ（共通）』（共編著）ミネルヴァ書房，2023年

本書を手に取り，ボランティアについて主体的に学び，その本質と価値に気づくことによって，ボランティア活動への興味・関心がより一層拡がるきっかけとなれば嬉しく思います。

最新・はじめて学ぶ社会福祉㉑

ボランティア活動論

2023 年 9 月 30 日　初版第 1 刷発行　　　　　　　〈検印省略〉

定価はカバーに
表示しています

監 修 者	杉	本	敏	夫
	田	中	康	雄
編 著 者	小	口	将	典
	竹	下		徹
発 行 者	杉	田	啓	三
印 刷 者	坂	本	喜	杏

発行所　株式会社　ミネルヴァ書房

607-8494　京都市山科区日ノ岡堤谷町 1
電話代表　(075) 581 - 5191
振替口座　01020 - 0 - 8076

ⓒ田中・小口・竹下ほか，2023　　冨山房インターナショナル・坂井製本

ISBN 978-4-623-09625-1

Printed in Japan

杉本敏夫　監修

──────── 最新・はじめて学ぶ社会福祉 ────────

全23巻予定／Ａ５判　並製

① 医学概論
❷ 心理学と心理的支援
❸ 社会学と社会システム
❹ 社会福祉
❺ 社会福祉調査の基礎
❻ ソーシャルワーク論
❼ ソーシャルワークの基盤と専門職Ⅰ(基礎)
⑧ ソーシャルワークの基盤と専門職Ⅱ(専門)
❾ ソーシャルワークの理論と方法Ⅰ(共通)
⑩ ソーシャルワークの理論と方法Ⅱ(専門)
⓫ 地域福祉と包括的支援体制
⓬ 福祉サービスの組織と経営

⑬ 社会保障
⓮ 高齢者福祉
⓯ 障害者福祉
⓰ 児童・家庭福祉
⓱ 貧困に対する支援
⓲ 保健医療と福祉
⓳ 権利擁護を支える法制度
⓴ 刑事司法と福祉
㉑ ボランティア活動論
㉒ 介護概論
㉓ 特別支援教育と障害児の保育・福祉

順次刊行，　●数字は既刊

──────── ミネルヴァ書房 ────────

https://www.minervashobo.co.jp/